토크빌이 들려주는
민주주의 이야기

KB179031

토크빌이 들려주는
민주주의 이야기

ⓒ 윤민재, 2006

초판 1쇄 발행일 2006년 9월 11일
초판 15쇄 발행일 2024년 2월 1일

지은이   윤민재
펴낸이   정은영

펴낸곳   (주)자음과모음
출판등록   2001년 11월 28일 제2001-000259호
주소   10881 경기도 파주시 회동길 325-20
전화   편집부 (02)324-2347, 총무부 (02)325-6047
팩스   편집부 (02)324-2348, 총무부 (02)2648-1311
e-mail   jamoteen@jamobook.com

ISBN 978-89-544-1961-1 (64100)

토크빌이 들려주는

민주주의 이야기

윤민재 지음

|주|자음과모음

책머리에

    대한민국은 민주주의 국가입니다. 이것을 모르는 학생은 아마 없겠죠? 그러나 막상 민주주의가 뭐냐고 물었을 때 선뜻 대답할 수 있는 학생은 드물 거예요.

    여러분, 민주주의란 무엇인가요? 그에 대한 답을 프랑스의 역사가이자 정치학자인 토크빌이 쓴 《미국의 민주주의》에서 찾아보고자 합니다.

    토크빌은 베르사유의 판사였던 시절, 7월 혁명을 겪게 됩니다. 그리고 프랑스에게는 너무 먼 민주주의에 대해 고민을 하던 중, 당시 민주주의가 모범적으로 정착된 미국에 가 보기로 합니다. 미국에서 민주주의가 활짝 꽃필 수 있었던 이유가 궁금했던 것이지요. 그렇게 해서 그가 찾은 이유들을 정리해 낸 책이 바로 《미국의 민주주의》라는 유명한 저서입니다.

    그의 책에서 토크빌은 미국 민주주의의 가장 큰 원동력을 바로 종교에서 찾고 있습니다. 미국은 영국으로부터 건너간 청교도들이 세운 나라인데, 그들은 미국에 도착하자마자 제일 먼저 세운 것이 집이 아니라 교회일 만큼 독실한 기독교를 기반으로 하였어요. 이 종교의 영향이 시민들 정신에 깊이 뿌리내려 민주 시민이 될 수 있었던 것입니다.

　보다 구체적으로 알아볼까요?

　'국민의, 국민에 의한, 국민을 위한 정치'는 링컨 대통령이 한 말이에요. 이처럼 민주주의는 국민의 자유와 평등이 전제될 때 이루어질 수 있어요. 그런데 자유와 평등은 서로 조화되기가 무척 어려운 관계입니다. '나의 자유'만을 생각하다 보면, '남의 평등'을 침해할 수가 있으니까요. 그래서 미국의 종교는 남을 배려하는 정신을 시민들 마음속에 심어 주었고, 자유와 평등이 조화를 이루어 민주주의가 활짝 꽃필 수 있었답니다.

　또 미국인들은 종교 단체를 통해 많은 사회 활동에 참여할 수 있었어요. 그 활동들을 통해 기른 사회 참여의 자세는 바로 민주 시민의 기본 자세입니다. 그래서 미국인들은 모두가 정치가는 아니더라도 다양한 단체들을 통해 서로 연합하고 단결하여 여러 목소리를 냄으로써 국가의 정책에 영향을 끼칠 수 있었던 것입니다. 이렇듯 자발적 결사체의 활발한 활동은 미국이 민주주의를 꽃피울 수 있는 또 다른 원동력이 되었습니다.

　우리는 어떠한가요? 여러분의 가정, 학교, 지역의 모습을 떠올려 보세요. 자유와 평등이 조화를 이루고 보장되어지고 있나요? 남을 배려하는 마음이 모두 함께 살기 좋은 사회를 만드는 데 앞장서고 있나요? 이 물음에 대한 답은 각자 생각해 보기 바랍니다.

민주주의에 대해 보다 쉽게 알기 위해서, 여러분 또래인 보영이의 이야기를 이제부터 하려고 해요. 살기 좋은 코숭이 마을 민주 아파트로 이사 간 보영이와 새로 사귄 친구들이 겪게 될 일들은 여러분이 민주주의가 무엇인지 아는 데 큰 도움이 될 거예요. 우리 같이 이야기 속으로 들어가 볼까요?

2006년 9월

윤민재

C O N T E N T S

프롤로그

2006년 10월 10일 화요일, 날씨: 맑음

코숭이 마을 민주 아파트.

오늘 밤만 지나면 우리 가족이 이사 가게 될 곳이다.

처음 엄마에게 코숭이 마을이란 이름을 들었을 때 한 시간은 족히 웃어 댔던 기억이 난다. 원숭이가 떠올랐기 때문이다.

'코숭이'는 원래 '산줄기의 끝'이라는 뜻을 가졌다고 한다. 그 마을 뒤편엔 지금도 커다란 산이 있는데, 이름난 큰 산은 아니지만 산책로가 좋고 물이 맑아 주변 사람들이 자주 찾는 정겨운 산이라고 엄마가 말해 주었다.

그 말을 듣고 보니 그곳에 가 보기도 전에 벌써부터 마음이 푸근해진다. 이사 가면 매일 아침 뒷산에 올라가 운동해야지.

오늘은 학교에서 마지막 수업을 들었다. 친구들이 준 선물을 받고 작

별 인사를 하다가 나는 그만 울고 말았다. 특히 1년 가까이 그렇게도 내 마음을 몰라주던 주혁이 얼굴을 보니 괜히 설움이 복받쳤다. 하긴, 좋아한다는 말 한마디 못한 내가 바보지만…….

나는 이상하게 여자 친구들하고 놀 때는 대장부 소리를 듣는데, 남자애들 앞에만 가면 행동이 다소곳해진다. 처음부터 그랬던 건 아니고, 아마도 6학년에 올라와서부터 그랬던 것 같다. 이유는 나도 잘 모르겠다. 엄마는 나한테 사춘기가 일찍 찾아온 거라고 했다.

집에 오는 길에 마지막으로 민영이, 주희와 함께 뚱이 할머니네 분식집에 들렀다. 거의 매일 들르던 곳인데 앞으로 못 온다고 생각하니 기분이 이상했다.

"떡볶이는 내가 살게. 많이 먹어."

주머니를 탈탈 털어 떡볶이를 시켰다. 뚱이 할머니는 내가 전학 간다는 걸 알고 떡볶이를 두 배나 많이 담아 주었다. 우리는 여느 날처럼 깔깔대며 떡볶이를 맛있게 먹었다.

"그런데 너희 집 몇 평으로 이사 가?"

오늘도 역시나 주희는 평수 타령이었다. 하지만 앞으로는 새침데기 주희도 꽤 그리워질 것 같다.

"사십 평."

나는 떡볶이를 오물거리며 대답했다.

"우아, 정말? 좋겠다!"

민영이가 부러워하자 주희는 못 믿겠다는 듯 입을 비쭉거렸다.

나는 이 동네에서 태어나 13년을 살았다. 유치원도 여기에서 다니고 초등학교도 여기에서 다녔는데, 엄마, 아빠가 결혼 12년 만에 처음으로 집을 장만해서 6학년 생활이 얼마 남지 않은 이때에 갑자기 이사를 하게 되었다. 그것도 아주 큰 집으로!

오랫동안 정든 동네를 떠나는 게 아쉽긴 하지만 새로운 곳에서의 생활에 대한 기대로 가슴이 벅차오른다.

어? 엄마가 부른다.

오늘은 엄마, 아빠와 함께 안방에서 자기로 했는데, 좁고 낡은 이 아파트에서의 마지막 밤이어서인지 잠이 잘 올 것 같지는 않다.

엄마가 자꾸 불러서 오늘은 이만 써야겠다.

나의 비밀 일기장, 이것도 잘 챙겨 가야지.

살기 좋은 코숭이 마을

 행복해지기 위한 조건 중에서 가장 중요한 것은 가정생활에서 기쁨을
찾는 것이다. 나이를 먹어 갈수록 젊었을 때에는 대수롭지 않게 여겼던
결혼 생활이 얼마나 소중한 것인지에 대해 깨닫게 된다. 극심한 실의에
빠져 있다가도 집에 돌아와 아내 얼굴을 보면 마음의 위로가 된다.

―토크빌

1 꿈에 그리던 아파트

"엄마, 잠이 안 와."

"보영이 너도?"

엄마와 보영이가 속삭이는 소리에 아빠도 눈을 부스스 떴다.

"내일 이사하려면 피곤할 텐데 푹 자 두어야지."

아빠도 잠을 못 이루고 여태 뒤척거렸으면서 마음에도 없는 소리를 한다.

그때, 갑자기 엄마가 일어나 불을 다시 켰다.

"아, 눈부셔. 왜 그래? 애들처럼 들떠 가지고."

아빠가 엄마에게 짐짓 퉁바리를 준다.

"열쇠 좀 챙겨 두어야겠어요."

엄마는 아까부터 새집 열쇠를 만지고 또 만지고, 챙기고 또 챙겼다.

보영이는 그런 엄마를 이해할 수 있었다. 왜냐하면 보영이도 사십 평짜리 새 아파트로 이사 가는 것이 마냥 즐겁고 믿어지지가 않았기 때문이다.

"보영아, 그런데 친구들과 헤어져서 서운하지 않아?"

열쇠를 찾아 핸드백에 고이 넣어 두는 엄마의 뒷모습을 보고 아빠가 살그머니 미소를 지으며 물었다.

"조금. 민영이랑 주희가 많이 생각날 것 같아. 하지만 이메일이 있잖아. 자주 연락하면 되지, 뭐."

"그럼! 친구들은 다시 사귀면 되지. 우리 보영이는 성격이 좋아서 금방 친해질 거야. 걱정하지 마."

엄마가 보영이보다 더 자신 있게 말하고는 다시 불을 껐다. 오늘은 일부러 세 식구가 한방에 나란히 누워 잠을 청한다. 이사 가기 전날의 마지막 밤을 함께 보내고 싶어서이다.

"여보, 보영이 두 살 때였나? 기억나요? 우리 월세 낼 돈도 없어서 발 동동 구르고 그랬던 거 말이에요. 그때 당신이 친구 돈 빌려주고 못 받아서 더 그랬었잖아요. 하여간 당신은 그때나 지금이나 사람이 너무 좋아서 탈이야."

어두컴컴한 방에서 엄마가 옛날 얘기를 꺼냈다.

"당신도 참, 그때 말고 내가 뭐 속 썩인 거 있나? 언제까지 그 일을 우려먹으려고 그래?"

아빠가 억울하다는 듯이 말했다.

"갑자기 생각나서 그러죠. 지금 생각해 보니 다 재미있는 추억거리네요. 호호."

"하긴, 당신도 고생 많이 했지. 내가 다리 다쳐서 일 못하는 동안 나 대신 돈 벌으랴 살림하랴 애 많이 썼잖아. 이제 그런 힘든 일은 안 하지만 말이야. 참, 당신 부동산 투자한 건 잘돼 가고 있나?"

"걱정 말아요. 나중에 크게 오르면 팔아야지. 아, 이러다 날 새겠네. 어서 자자고요."

"엄마, 부동산 투자가 뭐야?"

보영이가 어둠 속에서 불쑥 물었다.

"깜짝이야. 너 아직 안 잤니?"

"응."

"엄마가 집을 하나 더 사 두었거든. 재개발 가능성이 있는 곳으로 말이야. 나중에 집값이 크게 오르면 부자가 되는 거란다."

"그럼 우리는 집이 두 개야? 집이 하나도 없는 사람도 많은데, 그런 사람들에 비하면 우리는 벌써 부자네. 그런데 엄마, 이사 가면 누구한테 집 자랑을 하지? 민영이랑 주희는 이제 집이 멀어져서 데리고 올 수도 없고. 주희는 자기네 집이 삼십육 평이라고 만날 자랑했었단 말이야."

보영이가 투덜거렸다.

"자랑할 게 없어서 그런 걸 자랑해? 싱거운 녀석들."

아빠가 너털웃음을 웃으며 말했다.

"아이고, 요즘 애들이 얼마나 영악한데? 당신은 뭘 몰라도 한참 몰라. 쯧쯧. 우리 딸, 이사 가면 친구들 새로 많이 사귀어서 얼마든지 집에 데리고 와. 엄마가 맛있는 거 많이 해 줄게."

"네, 엄마."

"요럴 때만 존댓말이지!"

다음 날 아침에 보영이가 눈을 떴을 때, 아빠와 엄마는 벌써 일어나 이삿짐을 정리하고 있었다. 포장 이사라고는 해도 귀중한 물건은 직접 챙겨야 하기 때문이다.

보영이도 세수부터 하고 자기 방으로 들어갔다. 벽장에서 배낭을 꺼낸 다음, 잃어버리면 안 될 자신만의 소중한 물건들을 챙기기 시작했다.

보영이가 맨 처음 챙긴 것은 비밀이 가득 담긴 일기장이었다. 여기엔 보영이가 짝사랑하는 남자 친구에 대한 것도 모두 들어 있고, 엄마한테 하고 싶은 이야기도 많이 담겨 있었다. 그 다음에 보영이가 챙긴 것은 엄마가 더 소중히 여기는 바이올린, 아빠가 생일 선물로 사 준 디지털 카메라, 그리고 친구들이 작별 선물로 준 편지와 인형, 머리핀 등이었다.

"보영아, 아저씨들이 알아서 잘 챙겨 주실 거야. 그만 나와서 밥 먹어."

엄마가 급히 부르는 바람에 보영이는 꽉 찬 배낭과 바이올린 가방만 들고 방을 나왔다. 뒤돌아 방을 다시 들여다보니 친구와 헤어지는 것처럼 서운한 마음이 들었다.

두 시간 뒤쯤, 이삿짐을 실은 트럭이 출발했다. 보영이네 가족도 아빠의 자동차를 타고 트럭 뒤를 쫓아갔다.

낡은 아파트 정원을 빠져나와 골목길을 지나 큰길로 나가니 이사 가는 것이 더욱 실감났다. 문구점, 치킨 가게, 책방, 슈퍼마켓 등 아는 가게들을 지나치다 보니 점점 섭섭한 기분이 더해졌다. 마침내 보영이가 다니던 학교 앞 신호등에서 아빠의 자동차가 멈췄을 때, 보영이는 눈물 한 방울이 떨어지려는 것을 겨우 참아냈다.

엄마는 조수석에 앉아 들뜬 목소리로 쉴 새 없이 뭔가를 말하고 있었지만, 아빠는 트럭을 놓칠세라 한눈팔지 않고 운전에만 집중했다.

드디어 새 동네에 도착했다. 보영이는 창문을 내리고 목을 쭉 빼내어 바깥 풍경을 구경했다. 아침까지 보영이가 살았던 동네와는 매우 다른 곳이었다.

먼저, 도로가 굉장히 넓었다. 왕복 10차선은 돼 보이는 큰 도로에, 사람들이 다니는 인도 또한 무척 넓었다. 그래서인지 인도에는 강아지를 끌고 나온 사람들이 한가롭게 산책을 즐기고 있는 모습이 종종 눈에 띄었다. 게다가 길가의 나무들도 울창하게 줄줄이 서 있어서, 특히 아파트 입구까지는 키가 큰 나무들이 끝도 없이

서 있는 것처럼 보였다.

아파트 마당에는 주차장이 없어서 아이들이 뛰어놀기에 아주 좋다고 엄마가 말했었는데, 실제로 보니 보영이도 이 점이 가장 마음에 들었다.

아파트 입구에 들어서자 제복을 멋들어지게 차려입은 아저씨가 경례를 붙였다. 그 모습에 보영이는 마차에 탄 공주님이라도 된 듯한 기분이었다.

지하 주차장에 차를 대고 보영이네 가족은 엘리베이터를 탔다. 새집은 10층이었다.

"엄마, 우리 살던 데는 4층까지밖에 없었는데 여긴 몇 층까지 있어? 꼭 무슨 빌딩 같아."

"여기? 25층까지 있을걸? 우리도 더 꼭대기로 갔으면 좋았을 텐데, 요즘은 10층도 고층이 아니라니까."

아쉽다는 듯이 말하는 엄마에게 아빠가 눈을 흘기자 엄마는 가볍게 아빠의 가슴을 툭 쳤다. 이건 엄마가 아빠에게 애교 부릴 때에 주로 쓰는 동작이다.

10층에서 엘리베이터 문이 열렸다. 새집은 복도가 없고 양쪽으로 집이 하나씩 있는 계단식으로 되어 있었다.

1003호.

엄마가 핸드백에서 열쇠를 꺼내 문을 열자 보영이는 엄마를 밀치고 재빨리 집 안으로 들어갔다.

"우아! 학교 운동장보다 더 넓어."

"아직 짐이 다 안 들어왔잖아. 한쪽에 얌전히 있어야 해."

"네, 엄마."

보영이는 기분이 너무 좋으면 평소에 잘 쓰지 않는 존댓말을 쓴다.

엄마와 아빠는 이삿짐이 제대로 들어왔는지를 확인하느라 정신이 없었다. 저녁이 다 돼서야 대충이나마 짐이 제자리에 놓였다.

"오늘은 이만 하고 차근차근 정리하자고."

아빠가 한숨을 내쉬며 말했다.

엄마가 방 하나만 먼저 깨끗이 닦고 이부자리를 펴서, 오늘 밤도 세 식구가 한곳에 모여 자게 되었다. 보영이는 빨리 자기 방에서 자고 싶었지만, 엄마가 너무 피곤해 보여서 가만히 있었다.

"이게 꿈인지 생시인지, 정말 좋네!"

엄마가 함박웃음을 지으며 자리에 누웠다.

"회사가 멀어져서 나는 더 피곤하게 생겼네."

이렇게 말하는 아빠도 결코 싫은 내색은 아니었다.

보영이는 새로 가게 될 학교와 새로 사귈 친구들이 궁금해서인지 또 잠이 오지 않았다. 하지만 그것도 잠시, 세 식구는 피곤했는지 모두 금방 곯아떨어져 버리고 말았다.

2 해맑은초등학교

아침 일곱 시다.

자명종도 맞추어 놓지 않았는데 보영이는 저절로 눈이 떠졌다. 새 학교에 대한 기대 때문에 늘어지게 늦잠을 잘 수가 없었다.

간밤에 옆에서 자던 아빠와 엄마가 보이지 않아 거실로 나가 보니, 엄마는 냉장고 정리를 하고 있었다.

"아빠는?"

"우리 딸 일어났구나. 아빠는 샤워하고 계셔. 너도 얼른 밥 먹고 학교 가야지."

엄마가 서둘러 아침상을 차리는 모습에 보영이도 수저를 놓으며 거들었다.

"엄마도 같이 갈 거지?"

"당연하지!"

새집의 주방은 넓고 깔끔했다. 엄마가 새벽에 일어나 정리를 해 놓아서 더 그렇게 보일 수도 있지만 말이다.

아빠는 여덟 시가 되자 출근 시간이 두 배는 걸릴 것이라고 하면서 부랴부랴 집을 나섰다. 대신 보영이는 이제 아빠 차를 얻어 타지 않아도 된다. 학교가 매우 가깝기 때문이다.

보영이와 엄마도 서둘러 학교 갈 채비를 하고 집을 나왔다. 엄마는 현관문을 잠갔는지 안 잠갔는지 몇 번이나 확인하고는 엘리베이터에 탔고, 보영이는 옷에 먼지라도 묻었는지 자꾸만 살펴보았다.

집에서 학교는 그리 멀지 않았다. 십여 분 거리라고 엄마가 말했다. 엄마 손을 꼭 잡은 보영이는 학교 가는 길을 익히기 위해 주위를 두리번거리며 걸었다.

학교 가는 길에는 횡단보도가 하나밖에 없었다. 전에 살던 동네는 횡단보도가 서너 개쯤 있는데다가 그나마 신호등이 있는 것도 하나뿐이어서 학교를 오갈 때마다 차 조심을 하느라 바빴다.

학교 가는 길에는 또 작은 공원도 있었다. 사람들이 모두 그 공원을 가로질러 갔다. 지름길인가 보다 하는 생각에, 보영이와 엄마도 공원을 걸으며 상쾌한 공기를 가슴 깊이 들이마셨다. 아침부터 부지런한 비둘기들이 공원 한가운데 모여 먹이를 찾고 있었다.

해맑은초등학교. 이름도 예쁘다. 학교 건물은 깔끔하고 현대적인 분위기를 풍겼다. 보영이는 한눈에 새 학교가 마음에 쏙 들었다.

건물 안으로 들어가 교무실을 찾아갔다. 보영이의 담임선생님은 남자 선생님이었다.

"요즘 남자 담임선생님 만나기가 그렇게 어렵다는데 보영이는 운이 좋네요. 호호. 선생님, 우리 보영이 좀 잘 부탁드릴게요."

"네, 걱정 마세요."

선생님이 보영이를 데리고 교실로 가자, 엄마는 마음이 안 놓이는지 슬금슬금 교실까지 따라갔다. 선생님이 뒤를 흘끗 돌아보고는 다시 보영이를 보고 살짝 웃어 주었다. 보영이 역시 이 세상에서 가장 참해 보이는 어린이 같은 표정을 지으며 선생님에게 미소로 답했다.

보영이를 앞세워 교실로 들어간 선생님은 문을 '탁' 하고 닫았다. 엄마는 창틈으로 보영이의 모습을 지켜보았다.

"오늘 전학 온 친구다. 이리 와서 자기소개 한번 해 봐."

선생님은 시원시원하게 보영이를 앞에 세웠다. 보영이도 자신 있게 교탁 쪽으로 저벅저벅 걸어가 인사했다.

"안녕, 나는 이보영이라고 해. 그리고 내 성격은 굉장히 사교적인 편이야. 어제 이사 와서 이 동네에 대해 하나도 모르니까 앞으로 잘 부탁해."

선생님이 보영이의 머리를 쓰다듬으며 자리를 알려 주었다. 진주라는 여자 친구 옆이었다. 진주가 친절하게 의자를 꺼내 주기까지 해서 보영이는 기분이 아주 좋았다. 그리고 수업이 오전까지만 있는 날이라서 더욱 신이 났다.

수업이 끝난 뒤 보영이는 진주와 급식실에 가서 점심을 먹었다.

"너 어디 사니?"

진주가 물었다.

"저기 공원 지나서 길 건너 민주 아파트. 넌?"

"어? 우리 아파트네. 나도 거기 살아."

"정말? 잘됐다! 앞으로 나랑 같이 다니자."

보영이와 진주는 금세 친해졌다.

집에 가려고 나오니 보영이 엄마가 교문 앞에서 기다리고 있었다.

"엄마! 여태 기다린 거야?"

"아니, 잠깐 볼일 좀 보고 다시 왔어. 우리 딸 데려가려고."

보영이는 인상을 찌푸렸다. 진주랑 더 친해지고 싶은데 엄마가 중간에 낀 것 같아서이다.

"네가 보영이 짝꿍이니? 이름이 뭐니?"

엄마가 진주에게 살갑게 물었다.

"네, 한진주예요."

"우리 보영이랑 친하게 지내. 알았지?"

"네."

엄마가 보영이 손을 잡으려 하자 보영이는 살짝 뿌리치고 진주와 팔짱을 꼈다. 둘이서 재잘거리며 앞서 걷자 엄마는 서운하면서도 안심이 되는 듯 혼자서 팔짱을 끼고 뒤따라 걸었다.

저녁에 집에 돌아온 아빠는 몹시 피곤해 보였다.

"차 많이 밀리던가요?"

"응, 아침에도 조금 지각했다니까. 내일은 좀 더 일찍 나가야지. 우리 보영이, 학교는 잘 다녀왔어?"

아빠가 보영이와 엄마를 번갈아 보며 물었다.

"그럼요. 보영이 얘, 친구들 앞에서 자기소개도 아주 씩씩하게 잘하던데요."

"엄마는 그것도 봤어? 정말 못 말려. 우리 엄마는 극성 학부모야. 히히."

보영이가 손사래를 치며 말했다.

"말도 마요. 새로 사귄 짝꿍이랑 같이 온다고, 엄마랑 손도 안 잡는 거 있죠."

엄마는 흉을 보듯 아빠에게 몸을 기울이며 말했다. 아빠는 그저 허허 웃었다.

"엄마! 질투할 걸 질투해. 치."

보영이 가족은 새집과 새 동네에 대해 이야기하며 즐거운 저녁 시간을 보냈다.

다음 날은 수업이 꽤 많이 들어 있었다. 보영이는 부지런히 책가방을 챙겼다. 학교 가는 길의 공원 시계탑에서 진주를 만나 같이 가기로 했기 때문이다.

이틀밖에 안 지났는데도 보영이는 이 동네가 참 정겹다. 아마 친절한 진주가 짝꿍이 되었기 때문일 것이다.

3교시 수업이 끝났을 때였다. 진주가 자기 집에서 새로 키우는 강아지 이야기를 한창 해 주고 있는데, 어떤 남자 애가 끼어들었다.

"강아지…… 이름이…… 뭐야?"

말이 아주 느릿한 아이였다. 진주는 그 애를 한번 딱 째려보고는 대꾸도 하지 않은 채 무시해 버렸다. 그런데도 그 애는 보영이와 진주 곁을 떠나지 않고 계속 강아지 얘기를 흥미롭게 듣고 서 있었다. 그 아이의 목에는 목걸이처럼 생긴 호루라기가 매달려 있었다.

"저리 가! 왜 남의 얘기를 엿듣고 그래!"

진주가 버럭 화를 냈다. 보영이도 깜짝 놀랄 정도였다. 그때서야 비로소 그 애는 자기 자리로 천천히 돌아갔다. 다리를 다쳤는지 왼쪽 다리를 절룩이면서…….

3 짝꿍 정하는 날

다음 날 아침 조회 시간이었다.

선생님이 갑자기 모두 일어나라고 했다. 진주와 보영이도 눈이
휘둥그레져서 자리에서 일어났다. 무슨 잘못한 게 있어서 단체 기
합이라도 받는 걸까 하는 생각에 보영이는 가슴이 두근거렸다.

"그동안 옆의 짝꿍들하고 잘 지냈니? 지금쯤 지겨워졌겠지? 그
래서 오늘 짝을 바꿔 주려고 한다. 어떠냐?"

아이들이 저마다 의미 있는 고함을 질러 댔다.

"싫어요!"

"좋아요, 좋아!"

"어우!"

"아싸!"

보영이는 억울했다. 진주랑 짝이 된 지 겨우 이틀째인데…… 하지만 전학 오자마자 선생님에게 대들 수는 없었다. 선생님에게 잘 보이고 싶었기 때문이다. 진주 역시 아쉬워하는 듯했다.

"이번에는 남녀 짝꿍을 해 주마."

설상가상이다.

'이상한 애랑 짝이 되면 어쩌지?'

보영이는 얼른 남자와 여자의 수를 헤아려 보았다. 여자가 얼추 네 명 정도는 더 많은 듯했다. 그럼 여자끼리 짝을 할 가능성도 있었다.

보영이는 다시 진주랑 짝을 할 수 있기를 바랐다. 하지만 선생님은 남자와 여자를 각각 한 줄로 세우곤 키대로 짝을 맞춰 주었다. 보영이는 키가 중간 정도 가는 편이라 마음대로 뒤쪽으로 갈 수가 없었다. 결국 키가 큰 여자 애들 네 명만 여자끼리 짝을 하고, 보영이는 남자 짝을 얻었다. 어제 진주에게 무안을 당했던 바로 그

애였다.

그 애는 보통 아이들과는 조금 달랐다. 한마디로 말하자면, 지체 장애인이었다. 보영이는 처음에는 그걸 알아차리지 못했다. 왜냐하면 장애의 정도가 그리 심하지는 않았기 때문이다. 그저 말이 조금 느리고 몸이 좀 불편한 아이인가 보다 하고 생각했을 뿐이었다.

"나는…… 유……종민이야. 넌…… 이……보영이지?"

종민이는 이렇게 말하는 데 한참이나 시간이 걸렸다. 겨우 몇 마디를 하면서도 몸을 이리저리 비틀었다. 보영이는 그렇게 시간이 걸려 말을 하는 종민이가 답답하게 느껴졌다. 그래서 대답하기는커녕 뭐라고 하는지조차 듣는 둥 마는 둥했다.

1교시가 끝나자마자 진주가 보영이 자리로 찾아왔다.

"보영아! 네가 쟤랑 앉았구나."

보영이가 말없이 웃어 보였다.

"애 소아마비잖아."

진주는 보영이를 불쌍하다는 듯이 바라보며 속삭였다.

보영이는 그제서야 종민이가 장애라는 것을 확실히 알게 되었다. 그런데 보영이의 마음을 상하게 한 건 종민이가 그런 애라는 것이 아니라 진주가 자기를 불쌍하게 바라보았다는 것이었다. 보영이는 괜스레 종민이가 미워졌다. 들어 보나마나 종민이란 애는 '왕따'가 틀림없을 것이다.

만약 엄마가 이 사실을 알면 가만있지 않을 것이다. 전학 오기 전 학교에서도 지능이 조금 떨어지는 어떤 여자 애랑 짝꿍이 되었을 때 엄마는 선생님을 찾아와 항의했었다. 왜 우리 딸만 모자란 아이랑 짝을 시켰느냐고 말이다. 그때 얼마나 창피했었는지…… 보영이는 오늘 일은 엄마에게 절대로 말하지 않을 것이라 작정했다.

종민이는 그런 보영이의 마음을 아는지 모르는지 시종일관 보영이에게 말을 걸며 살갑게 대했다. 종민이 딴에는 전학 온 짝꿍에게 친절하게 대해 주고 싶었을 것이다. 하지만 보영이는 종민이랑 친하게 지내고 싶은 마음이 전혀 없었다. 친해지면 종민이를 많이 도와주고 챙겨 줘야 할 것 같았기 때문이다. 그러다 보니 점점 종민이의 얼굴도 쳐다보지 않게 되었다.

집에 가려고 책가방을 챙기는데 종민이가 또 말을 걸었다.

"오늘…… 진주 조퇴해서…… 혼자 가겠네?"

깜빡 잊고 있었다. 오늘은 진주가 집에 일이 있다며 먼저 가서

보영이는 혼자 가야 했다. 갑자기 허전한 기분이 밀려들었다.

"누가 그래? 내가 너처럼 친구가 그렇게 없는 줄 알아?"

보영이는 진주처럼 눈을 가늘게 뜨고 종민이를 노려보며 따졌다. 그러자 종민이는 얼른 눈을 내리깔고는 먼저 일어나 교실을 나갔다. 보영이는 일부러 천천히 가방을 챙기며 종민이가 얼른 학교를 빠져나가기를 기다렸다. 안 그래도 느려 터진 종민이가 안 보일 때까지 얼마나 기다려야 할지 생각하니 슬슬 짜증이 밀려왔다.

그때, 선생님이 보영이를 불렀다.

"보영아, 친구들 많이 사귀었니?"

"아직은 좀……."

"하하, 보아하니 우리 보영이도 성격 참 좋아 보이던데, 친구들과 사이좋게 지내라."

"네."

"참, 종민이랑은 잘 지내지?"

보영이는 차마 대답하지 못하고 선생님을 물끄러미 바라보았다.

"종민이가 몸이 조금 불편해서 그렇지, 공부도 잘하고 마음씨도 아주 착하단다. 여자 애들도 안 괴롭히고 말이야. 보영이 네가 잘 좀 대해 줘라. 알았지?"

"네."

보영이는 마지못해 대답을 하고 도망치듯 교실을 빠져나왔다.

'공부를 잘한다고? 말도 그렇게 느리게 하는 애가? 치.'

보영이는 혼자 투덜거리며 운동장을 가로질러 걸었다. 종민이는 어느새 사라지고 안 보였다. 그런데 하늘이 아까부터 컴컴하고 무거워 보이더니 교문까지 채 가기도 전에 소나기가 후드득 떨어지기 시작하는 것이었다. 보영이는 이삿짐에서 아직 우산을 찾지 못했기 때문에 오늘 우산을 가져오지 못했다. 어디로 뛸까 머뭇거리는데, 어디선가 보영이를 부르는 소리가 들렸다.

"보영아!"

교문 쪽에서 나는 소리였다. 엄마 목소리는 아니었지만 보영이는 손으로 이마를 가리고 일단 그쪽으로 뛰어갔다. 그런데 거무튀튀한 우산 속에서 기다리고 있는 건 종민이었다.

"우산…… 같이 쓰자."

활짝 웃고 있는 종민이는 우산이 있는데도 몸이 반 정도는 이미 젖어 있었다. 보영이는 순간 망설였지만 종민이가 아니면 비를 피

할 방법이 없었다.

"바보."

보영이는 종민이의 우산을 뺏어 들었다. 그리고 종민이에게 조금 더 우산을 기울인 채로 함께 빗속을 걸어갔다.

"빨리 좀 걸어. 비 다 맞잖아."

보영이가 핀잔을 주었지만 종민이는 그래도 싱글벙글 웃었다. 좀처럼 화를 낼 줄 모르는 모양이다.

종민이네 집은 보영이네 아파트 단지에 조금 못 미친 주택가에 있었다. 자기 집 앞에 다 오자 종민이는 얼른 처마 밑으로 몸을 옮겼다.

"잘…… 가."

"야! 우산 네 거잖아."

보영이가 우산을 접어 내밀었다. 그랬더니 종민이가 다시 우산을 밀어냈다.

"아직…… 비 오잖아. 네가…… 가져갔다가 내일…… 줘."

보영이는 괜찮다고 말하려 했지만 빗줄기가 아직도 세차서 하는 수 없이 그러기로 했다. 하지만 차마 고맙다는 말은 입 밖으로 나오지 않았다. 종민이에게 이런 신세를 지게 될 줄은 몰랐던 것이다.

4 재미난 반상회

"엄마, 나도 갈래."

보영이는 엄마를 따라 반상회에 가겠다고 졸랐다.

"네가 뭐 하러?"

"심심해. 아빠도 없잖아."

반상회 시간에 맞춰 저녁 먹은 설거지도 못하고 보영이와 엄마는 노인정으로 향했다.

노인정에 도착하니 신발 벗을 자리가 없을 정도로 벌써 사람들이 많이 와 있었다.

"엄마, 이 동네는 반상회 나오면 상이라도 주나? 왜 이렇게 붐벼?"

"그러게 말이다. 벌금 안 내려고 그러겠지. 아니면 아파트 값 담합이라도 하려나?"

"그게 뭔데?"

"응, 서로 짜고 집값을 올리는 거야."

"그거 불법 아니야?"

"글쎄……."

엄마는 시큰둥하게 대답하고는 얼른 신발을 벗고 앞장섰다.

이번 반상회는 알고 보니 민주 아파트만의 반상회가 아니라 코숭이 마을 전체를 아우르는 통합 반상회였다. 그리고 보영이와 엄마의 예상과는 달리 반상회 불참 벌금도 없었는데 거의 모든 주민들이 반상회에 늦지 않고 참석했다. 그 비밀은 금방 밝혀졌다.

그것은 바로 반상회가 꽤 재미있기 때문이었다. 다른 사람은 몰라도 보영이는 확실히 그렇게 믿었다. 아마 보영이가 처음으로 반상회에 따라와서 그런 건지도 모르지만 말이다.

반상회의 안건은 여러 가지가 있었다. 가장 먼저 논의된 것은 재활용 분리수거 방법이었다. 현재 한 달에 두 번씩 분리수거를 하고 있는데, 주민들의 생각은 그 횟수가 너무 적다는 것이었다. 횟수를 더 늘리든지 아예 아무 때나 원할 때 분리수거를 할 수 있도록 해 달라는 의견이 많았다.

보영이도 이 의견엔 동의했다. 전에 살던 집에서도 분리수거를 너무 밀려 두었다 하는 바람에 집 안에 퀴퀴한 곰팡이 냄새가 나고 베란다는 늘 쓰레기장처럼 너저분했던 기억이 났기 때문이다.

부녀회장 아줌마, 통장 아줌마, 반장 아저씨, 그리고 여러 아줌마들이 주축이 되어 한참을 의논한 끝에 결국 횟수를 늘리는 방안을 택하기로 했다.

"분리수거를 아무 때나 하면 더욱 좋겠지만 그렇게 하면 동네가 너무 지저분해질 우려가 있으니 양해해 주시고, 앞으로 1회 또는 2회 정도 횟수를 늘려 보겠습니다. 그럼 다음 안건으로 넘어갑시다."

통장 아줌마가 이렇게 말하자 모두 박수로 동의했다. 이때 보영이의 눈에 출입문 옆에 앉은 종민이가 보였다. 엄마를 따라온 모양이었다. 종민이와 똑 닮은 아주머니가 옆에 앉아 있었다. 하지만 보영이는 못 본 체했다. 사람이 워낙 많아서 종민이도 보영이를 발견하지 못할 것이라는 생각 때문이었다.

다음은 불편한 점을 건의하는 시간이었다.

"아파트 뒷문 계단의 모서리가 아이들이나 노인들에게는 너무 위험해요. 안전 보호대를 설치해 주세요."

"엘리베이터 천장에 깨진 부분이 있어요. 작아서 잘 안 보이지만 그것도 위험해요. 얼른 교체해 주세요."

"자전거도로에 경사지고 울퉁불퉁해진 곳이 있어요. 고쳐 주세요."

주민들은 주로 주거 환경의 안전을 위해 목소리를 높였는데, 자기 가족뿐 아니라 이웃까지 따뜻하게 배려하는 마음씨가 돋보였다.

"음식물 쓰레기 버릴 때 제발 비닐봉지까지 함께 넣지 말아 주세요. 그걸 누구보고 처리하라는 건지……."

어떤 아줌마가 불쑥 일어나 투덜거리며 말했다. 그러자 잠시 후 어떤 아저씨가 슬그머니 일어나 대답했다.

"죄송합니다. 사실 제가 그런 적이 한 번 있습니다. 실수로 봉지까지 떨어뜨렸는데 어떻게 해야 할지 몰라 도망친 적이 있어요. 그 후로 음식물 쓰레기는 계속 플라스틱 용기에 담아 가서 비우고 있습니다. 정말 죄송합니다."

약간은 흥분해서 말했던 앞의 아줌마는 금방 낯빛이 바뀌었다.

"그랬군요. 아, 그럴 수도 있지요, 뭘."

두 사람의 이야기를 듣고 있던 나머지 사람들도 하하하 웃었다.

잘못에 대해서 금방 뉘우치며 고백하고, 그것을 또 그 자리에서 용서해 주는 모습이 요즘 어른답지 않다고 보영이는 생각했다.

"자, 오늘 안건은 이것으로 끝내고요, 이제 두 달에 한 번씩 열고 있는 '아나바다 바자회'에 대해 본격적으로 얘기 나누겠습니다."

통장 아줌마가 말했다.

"엄마, 아나바다가 뭐야?"

"아껴 쓰고, 나눠 쓰고, 바꿔 쓰고, 다시 쓰고. 넌 그것도 몰라?"

엄마가 보영이 이마를 콩 쥐어박았다. 보영이도 알고는 있었는데 깜빡 잊어버린 것뿐이었다.

코숭이 마을에서는 정기적으로 바자회를 열어 어려운 이웃을 도와주고 있다고 했다. 바자회 수익금은 주로 고아원이나 양로원, 복지관 등에 성금으로 낸다고 한다.

"이 동네 반상회는 좋은 일을 참 많이 하네."

엄마가 보영이에게 귓속말을 했다. 보영이도 고개를 끄덕끄덕했다.

바자회 이야기는 다른 아저씨가 일어나서 하기 시작했다.

"안녕하세요? 저는 장애인 인권 지킴이 본부에서 일하는 진정한 입니다. 오늘 새로 뵙는 얼굴도 있네요. 따뜻하고 인정 많은 코숭이 마을에 오신 걸 환영합니다. 아마 이 지역처럼 공동체 문화가 활성화된 곳도 드물 겁니다. 아무쪼록 이번 바자회가 성공적으로 개최될 수 있도록 많은 협조 부탁드립니다."

노총각처럼 보이는 아저씨는 바자회에 대해 꼼꼼히 설명했다. 각자 집에서 필요 없어진 물건들을 깨끗이 손질하여 가지고 나오면 된다고 했다. 보영이도 꼭 한 번 해 보고 싶었다. 학교에서 해 본 적은 있지만 아이들이 가져오는 물건들이 거기서 거기라 시시했던 기억이 났기 때문이다.

'내가 직접 만든 목도리랑 부채를 가져가면 얼마를 받을까?'

보영이는 상상만 해도 즐거워졌다.

반상회가 다 끝난 뒤에는 더욱 신나는 일이 일어났다. 보통 반상회가 끝나면 각자의 집으로 돌아가기 위해 현관 쪽으로 우르르 몰리게 마련인데, 여기는 안 그랬다. 아무도 자리를 뜨지 않아서 보영이와 엄마는 엉덩이를 들었다가 다시 슬쩍 앉아 버렸다.

"오늘은 저 위의 보름달 아파트 117동에 사시는 할머니께서 생신 기념으로 한턱 쏘신다고 합니다. 손수 만드신 콩국수를 대접해 드릴 테니 바쁘지 않으시면 모두 한 그릇씩 드시고 가세요."

부녀회 아줌마들이 바삐 움직이며 상을 차리기 시작하자 다른 아줌마들도 팔을 걷어붙이고 상차림을 도왔다.

"엄마는 뭐 해?"

보영이가 엄마 옆구리를 쿡 찌르자 엄마도 마지못해 일어나 숟가락과 젓가락 등을 챙겼다.

처음으로 먹어 본 콩국수 맛은 보기보다 훌륭했다. 보영이는 뽀얗고 고소한 국물까지 단숨에 꿀꺽 마시고는 목구멍에 컥컥 걸리는 콩가루도 침을 꼴깍꼴깍 삼켜서 넘겼다.

"엄마, 다음 반상회 때도 나 꼭 데리고 와."

"으이고, 그저 먹을 거라면……."

"아니야. 반상회가 이렇게 재미있는 줄 몰랐어. 사람들도 다 친절하고, 좋은 일도 많이 하고, 너무 좋아."

"그래, 여긴 좀 다르긴 하구나. 집값 담합 같은 건 아예 생각도 안 하며 살 사람들 같아."

신발을 신다가 종민이와 마주친 보영이는 기분이 너무 좋아져 있는 상태라 종민이에게도 부드럽게 인사를 건넸다.

"잘 가."

어리둥절하게 바라보는 종민이를 뒤로하고 보영이는 냅다 달렸다. 엄마도 성큼성큼 발걸음을 옮겼다.

집에 돌아오니 아빠가 혼자 라면을 끓여 먹고 있었다.

"우리는 맛난 거 먹고 좋은 데서 놀다 왔는데."

엄마가 아빠를 약 올렸지만 아빠는 무덤덤하게 계속 라면 건더기를 건져 먹었다.

엄마가 아빠에게 반상회에서 있었던 일을 재잘재잘 전해 주는 걸 듣다가 보영이는 피곤해서 먼저 잠자리에 들었다. 눈을 감자 저절로 입가에 웃음이 고였다. 새 학교, 새 동네가 점점 더 마음에 들었다.

토크빌과 《미국의 민주주의》

《미국의 민주주의》라는 저서로 유명한 토크빌은 사실 미국인이 아니라 프랑스인이에요. 토크빌은 아직 민주주의가 꽃피지 못했던 1805년에 프랑스 파리의 한 귀족 가문에서 태어났답니다.

어릴 때부터 성적이 우수했던 토크빌은 커서 판사가 되었습니다. 호화로운 궁전으로 유명한 프랑스 베르사유에 대해 들어 본 적 있죠? 토크빌은 베르사유의 재판소에서 판사로 근무했답니다. 그런데 얼마 후, 1830년에 토크빌은 큰 결심을 하게 되었어요. 바로, 재판소를 잠시 떠나 미국을 방문하기로 한 것이에요. 토크빌은 왜 이 같은 결심을 하게 되었을까요?

당시 프랑스는 나라가 아주 혼란스러웠어요. 1830년 7월에는 혁명이 일어나서 국왕이었던 샤를 10세가 쫓겨나고 나라의 틀이 크게 바뀌었답니다. 이를 지켜보던 토크빌은 큰 충격을 받고 친구 보오몽과 함께 미국을 방문하기로 결심했어요. 미국은 혼란스러운 프랑스와는 달리 민주주의가 활짝 꽃피고 있었기 때문이지요. 토크빌은 미국의 민주주의는 과연 어떻게 다른지 직접 눈으로 보고 싶었답니다. 그래서 휴가를 얻어 〈미국의 감옥 제도와 프랑스에서의 그 적용〉이라는 연구 제목을 가지고 미국을 방문하게 됩니다.

혁명이 일어난 이듬해인 1831년 5월 10일에 토크빌과 보오몽은 미국 뉴욕에 도착했어요. 연구 제목대로 이들이 미국에 온 목적은 미국의 법과 감옥에 대해 연구하는 것이었지요. 그렇지만 연구를 끝낸 후에는 미국 민주주의의 특징이 무엇인지를 살펴보았어요. 거기서 밝혀낸 무엇보다 놀라운 사실은 프랑스의 국왕은 국민들의 미움을 받는데, 미국의 대통령은 국민들의 사랑을 받고 있다는 것이었습니다.

토크빌은 미국을 여행하면서 민주주의란 직접선거만으론 충분하지 않다는 것을 느꼈어요. 한 예로, 여행 도중에 들른 뉴잉글랜드 지방에서는 지방 단위의 공동체들이 유지되고 있었는데, 이 공동체들이야말로 민주주의를 발전시키는 데 중요한 역할을 하고 있었답니다. 공동체에서 미국인들은 정부의 개입 없이 공적인 문제들을 처리해 내고 있었기 때문이지요. 주인공 보영이가 새로 이사 간 코숭이 마을 민주 아파트의 반상회도 이러한 자율적인 공동체라고 할 수 있습니다. 토크빌에게 공동체는 민주주의의 이상적인 모델로 비쳐졌답니다.

민주주의적 공동체

이렇듯 토크빌의 사상에서 중요한 점은 그가 민주주의를 발전시키는 기반이 되는 문화를 강조했다는 사실이에요. 단순히 국민들이 선거에 참여해서 나라의 지도자를 뽑는 것만으로 민주주의가 발전하는 것은 아닙니다. 코숭이 마을 민주 아파트의 반상회에서처럼 주민들이 적극적으로 참여해서 의견을 나누고 함께 더불어 살아가는 권리를 행사할 때 가능한 것이랍니다. 그리고 그러한 공동체를 민주주의적 공동체라고 해요.

그렇지만 민주주의적 공동체가 하루아침에 이루어질 수는 없어요. 노예처럼 다른 사람이 시키는 대로 하는 데 익숙해져 있어서 바꾸려고 하는 의지가 없다면 민주주의는 먼 나라 이야기가 될 것입니다. 오랜 시간에 걸쳐 자유를 지키려는 끈질긴 노력과 열정이 있을 때, 사람들의 마음속에 민주주의의 정신이 살아 있을 수 있어요. 그리고 그 정신은 후세에까지 이어져 민주주의적 공동체가 이뤄지게 되는 것이랍니다.

민주주의를 위한 노력

대한민국이 오늘날 민주주의 국가가 될 수 있었던 것은 자유를 지키려는 많은 사람들의 노력이 오랫동안 있어 왔기 때문입니다. 앞으로도 이러한 노력은 계속되어야 하겠죠?

"뭐, 정치는 정치가들이나 하는 거지. 우리는 우리 일만 열심히 하면 돼."

"우리 동네 문제에 신경 쓸 시간이 어디 있어. 우리 가족만 잘 먹고 잘 살면 되는 거지."

"나는 공부만 잘하면 돼. 학생인 내가 학교 문제, 학급 문제에 왜 나서? 그건 학생 회장이나 선생님들이 알아서 할 문제야."

혹시 아직도 이렇게 이야기하는 사람이 있나요? 그건 자신의 권리를 스스로 포기하는 말이며, 자유를 반납하는 말이에요. 내가 안 하면 다른 사람이 하겠지, 하는 식의 사고는 민주주의를 훼방하는 것입니다. 나의 이익보다 우리의 이익을 생각하고, '남이 하겠지'에서 '내가 해야지'로 생각이 바뀔 때 민주주의에 성큼 다가갈 수 있어요. 토크빌이 미국을 방문하면서 느꼈던 민주주의의 열쇠가 바로 이것이었답니다.

자, 어때요? 코숭이 마을 민주 아파트의 반상회 모습에서 토크빌이 얘기한 민주주의의 참모습, 민주주의적 공동체를 엿볼 수 있었나요? 우리 동네 반상회, 우리 학급 회의 등과 같이 우리가 참여하는 공동체의 모습과도 한번 비교해 봐요. 우리가 속한 공동체는 민주주의적 공동체인가요?

데모하는 사람들

 독재는 개혁과 개방을 시도하는 순간이 붕괴의 시작이다.

－토크빌

1 심상치 않은 소문

보영이네가 이사 온 지도 벌써 두 달이 지났다.

부지런한 엄마의 손놀림으로 집 안은 깨끗이 정리가 잘 된 채 반짝반짝 빛났다. 아빠도 출퇴근길의 불편함에 익숙해져서 이젠 다닐 만하다고 했다.

보영이는 진주랑 단짝이 되어 학교생활이 마냥 즐거웠다. 다만 아직도 종민이가 짝꿍인 것이 내심 못마땅하기는 했다. 보영이에게도 좋아하는 남자 친구가 생겼기 때문이다. 김시우라는 아이였는데, 공부 잘하고 매너 좋고 인기 좋은 반장이었다.

'시우랑 짝하면 얼마나 좋을까!'

종민이가 아무리 잘해 줘도 보영이는 마음이 가지 않았다. 선생님 말씀대로 종민이는 착하고 똑똑한 아이였지만 짝꿍인 것은 싫었다. 물론 종민이가 보영이를 이성으로 잘 대해 준 것은 아니었지만 말이다. 아무튼 보영이는 마음속으로 항상 선생님이 어서 다시 짝을 바꿔 주기만을 기다렸다.

그러던 어느 날, 진주가 보영이에게 호들갑을 떨며 말했다.

"야, 우리 동네에 특수학교가 생긴대."

"그래서?"

보영이가 의아한 듯 물었다.

"너희 엄마는 아무 말 안 해? 우리 엄마가 그러는데, 그 학교가 들어오면 우리 아파트 값이 바닥으로 곤두박질칠 거래. 우리 동네 이미지도 안 좋아지고."

진주는 심각한 표정으로 말했다.

"이미지가 어떻게 안 좋아지는데?"

보영이는 정말 궁금해서 물었다.

"그거야 장애아들이 막 돌아다니면 아무래도……."

거침없이 말하던 진주가 종민이 눈치를 보더니 이야기를 멈췄다. 종민이는 담담하게 앉아 있었지만 보영이도 아차 싶었다. 종민이 앞에서 이야기할 내용은 아닌 것 같았기 때문이다.

집으로 오는 길에 진주는 어른들한테 들은 얘기를 종알종알 얘기해 주었다. 듣다 보니 보영이도 왠지 꺼림칙했다. 종민이처럼 몸이 불편한 아이들이 몇십, 아니 어쩌면 몇백 배쯤 늘어나 우리 동네를 돌아다닌다면? 별로 기분 좋은 일은 아닐 것 같았다. 종민이에겐 미안한 말이지만 말이다.

"넌 학교 끝나면 바로 오지 않고 왜 이리 늦어?"

엄마가 괜히 화를 냈다. 외출하려고 준비해 놓고 보영이를 기다린 모양이다.

"엄마 어디 가?"

"반상회. 엄마 안 오면 먼저 저녁 먹어."

"나도 갈래."

엄마가 날카롭게 보영이를 노려보았다. 하는 수 없이 보영이는 집에 혼자 있어야만 했다. 오늘은 어째 엄마의 행동이 수상하다. 무슨 비상사태라도 난 듯이 다급하고 심각한 얼굴이었다.

보영이 혼자 저녁을 먹고 아빠까지 퇴근해서 들어오고 난 뒤에야 엄마는 집에 돌아왔다. 10시가 훌쩍 넘어 있었다.

"무슨 반상회를 그렇게 오래 해? 저번에도 했으면서."

"할 만하니까 하지요."

엄마는 손으로 부채질을 해댔다.

"무슨 일 있나?"

아빠가 점잖게 다시 물었다. 보영이도 귀를 쫑긋 세웠다.

'재미난 반상회에서 오늘은 도대체 무슨 일이 있었던 걸까?'

"글쎄, 우리 동네에 장애아 교육 시설이 들어온다지 뭐예요. 특수학교 말이에요."

"그게 어때서?"

"어떻다니요? 못 들어오게 해야지요."

"왜?"

엄마는 한심스럽다는 듯이 아빠를 바라보았다.

"이미지가 안 좋아져서 그렇지, 엄마?"

보영이가 끼어들었다.

"뭐야? 애한테 무슨 소리를 한 거야?"

아빠 얼굴이 갑자기 굳어졌다.

"내가 무슨 얘기를 했다고 그래요? 어디서 주워들은 모양이지.

말이야 바른말이구먼, 뭘 그래요?"

"이 사람이 진짜! 그래서 반상회에서 그런 얘기 쑥덕거리고 온 거야?"

"당연하지요. 그럼 두 눈 뜨고 그런 꼴을 보란 말이에요?"

보영이는 뭔가 엄청난 일이 벌어지고 있음을 알 수 있었다. 그렇게 좋은 사람들만 모인 반상회에서 반대한다는 것은 분명 특수학교가 설립되어서는 안 될 만한 이유가 있을 것이라 직감했다.

"이런 이기적인 사람들을 보았나. 지난번 반상회 다녀온 얘기 듣고 나선 서로 돕는 화목한 공동체라고 생각했는데, 영 딴판이었군. 정작 이해와 배려가 필요한 이런 일에 발 벗고 나서서 반대를 하다니, 정말 실망이야. 당신도 마찬가지고."

아빠 말을 듣고 보니 그것도 그럴듯했다.

'두 달에 한 번씩 바자회를 열어서 어려운 이웃을 돕는 주민들이 왜 장애 학생들을 위한 특수학교 설립은 반대하는 걸까?'

"모르는 소리 말아요. 이건 불우 이웃 돕기와는 차원이 달라요. 집값이 완전히 똥값 되는 건 시간문제라고요. 게다가 우리 애를 그런 장애아들 속에서 키우란 말이에요?"

엄마가 냉수를 벌컥벌컥 들이켜며 따다다다 말했다.

"어울려 자라는 게 어때서 그래? 오히려 그게 산교육이지. 그게 바로 더불어 사는 사회라고. 그런 일로 집값이 떨어지는 우리나라도 문제고, 그걸 두려워하는 당신들도 문제야. 참 답답한 노릇이네."

아빠와 엄마는 전혀 다른 주장을 펼쳤다. 보영이는 누구 말이 맞는지 분간이 되지 않았다.

정리해 보면, 종민이처럼 장애를 가진 친구들이 다닐 수 있는 특수학교가 코숭이 마을에 들어온다는 것이다. 하지만 그렇게 되면 주민들이 피해를 보게 될 수도 있기 때문에 그걸 반대한다는 것이다.

'에라, 모르겠다.'

보영이는 머리가 너무 아파서 그냥 방으로 들어왔다. 밖에서는 아직도 엄마, 아빠의 목소리가 커졌다 작아졌다 했다.

컴퓨터를 켜니 진주가 인터넷 메신저로 말을 걸어왔다.

진주 뭐 해?

보영 그냥 있어. 넌?

진주 이제 자려고 하던 참이야. 왜 이렇게 늦게 들어왔어?

보영 엄마가 반상회 갔다가 오셨는데…….

진주 그런데? 빨리 말해. 나 자야 돼.

보영 특수학교 문제 때문에 아빠랑 다투고 계셔.

진주 우리 집도 그것 때문에 시끄러운데…… 하하.

보영 그런데 특수학교 생기면 혹시…….

진주 혹시 뭐? 빨리 말하라니까. 나 얼른 꺼야 돼.

보영 종민이도 그 학교로 전학 가는 거 아닐까?

진주 모르지. 그런데 그건 왜?

보영 아니야. 잘 자라.

보영이는 서둘러 컴퓨터를 껐다. 진주와 대화를 하다 보니 우스운 생각이 들었던 것이다. 특수학교가 생기면 종민이를 거기로 보내 버리고, 그러면 더 이상 종민이와 짝을 하지 않아도 된다는 생각 말이다.

이런 생각을 하다 보니 보영이는 엄마와는 반대로 특수학교가 생기는 걸 찬성하고 싶어졌다. 하지만 보영이 혼자 찬성한다고 될 일은 아니었다. 또 종민이가 선뜻 그 학교로 간다는 보장도 없었다.

2 학급 회의

종민이는 지각이란 것을 할 줄 모른다. 지각은 물론 결석 한 번 하지 않는 우등생이었다. 늘 보영이보다 먼저 학교에 와서 공부할 준비를 다 해 놓고 얌전히 기다리고 있었다. 보영이는 그런 종민이가 갑갑하게 느껴졌다. 다른 남자 아이들처럼 차라리 짓궂은 장난이라도 치고 농담이라도 좀 할 줄 알면 말이 통할 텐데……

선생님이 들어왔다. 조회 시간에 별다른 이야기를 안 하는 선생님이 오늘은 뭔가 할 말이 많은 표정이다.

"우리 학교 근처에 조금 다른 학교가 생긴다는 거, 너희들도 알고 있니? 아마 부모님이나 동네 사람들에게 이미 들은 사람도 있을 거다. 혜성학교라고 장애아 교육 시설인데, 우리나라에서 가장 큰 규모의 특수학교가 될 것 같다. 자랑스럽지 않니?"

아이들은 아무 말도 하지 않았다. 아마도 그걸 자랑스러워하는 사람은 없을 것이다. 하다못해 종민이조차도 그걸 자랑스러워할 것 같지는 않다고 보영이는 속으로 생각했다.

"우리 엄마는 반대한다던데요."

진주가 또랑또랑한 목소리로 말했다. 그러자 다른 아이들도 우물우물 입속말로 말했다.

"맞아요. 그게 뭐가 좋아요?"

"다른 동네로 가게 할 거래요."

웅성거리는 소리가 점점 커졌다.

"조용히! 어른들은 그렇게 말했구나. 그럼 너희들 생각도 똑같니? 부모님 생각 말고 너희들 생각 말이다."

아이들은 서로 눈을 마주치기만 할 뿐 아무 말이 없었다.

"이따가 학급 회의 시간에는 이 문제를 가지고 토론해 보자. 각자 잘 생각해 보도록!"

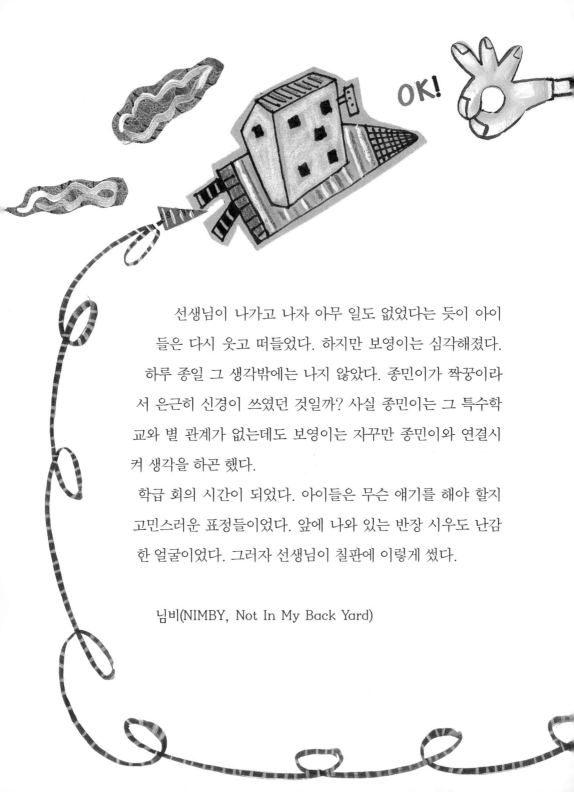

선생님이 나가고 나자 아무 일도 없었다는 듯이 아이
들은 다시 웃고 떠들었다. 하지만 보영이는 심각해졌다.
하루 종일 그 생각밖에는 나지 않았다. 종민이가 짝꿍이라
서 은근히 신경이 쓰였던 것일까? 사실 종민이는 그 특수학
교와 별 관계가 없는데도 보영이는 자꾸만 종민이와 연결시
켜 생각을 하곤 했다.

학급 회의 시간이 되었다. 아이들은 무슨 얘기를 해야 할지
고민스러운 표정들이었다. 앞에 나와 있는 반장 시우도 난감
한 얼굴이었다. 그러자 선생님이 칠판에 이렇게 썼다.

님비(NIMBY, Not In My Back Yard)

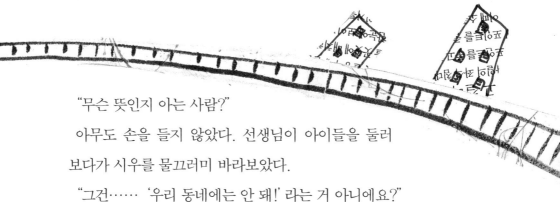

"무슨 뜻인지 아는 사람?"

아무도 손을 들지 않았다. 선생님이 아이들을 둘러

보다가 시우를 물끄러미 바라보았다.

"그건······ '우리 동네에는 안 돼!' 라는 거 아니에요?"

시우가 자신 없게 대답했다.

"딩동댕! 바로 그거야. 내 뒷마당에선 안 된다! 대표적인 지

역이기주의라고 할 수 있지."

보영이는 시우가 역시 대단하고 똑똑하다고 생각했다.

"지역이기주의가 뭐예요?"

맨 뒤에 앉은 정진이가 물었다.

"공동의 이익이 아니라 자기 지역의 이익만 보호하고 다른 지

역의 이익은 무시해 버리는 거란다. 그 공동체 안에서는 그게

좋은 일처럼 보여도 바깥에서 바라보면 참 이기적이고 그릇된

행동이지."

"선생님, 그런데 뭐가 '안 된다' 는 건데요?"

진주가 물었다.

"아까 말한 특수학교 설립과 같은 게 좋은 예라고 할 수 있단다. 우리 동네에 들어오는 것은 싫고, 꼭 필요하면 다른 동네로 가라는 것이지. 자, 선생님 이야기는 그만 하고 이제 너희끼리 의견을 나누어 보도록 해라. 반장!"

선생님은 뒤로 몇 발짝 물러났다. 시우가 뭔가를 곰곰이 생각하다가 입을 열었다.

"오늘은 코숭이 마을에 새로 생기게 될 특수학교에 대해 토론해 보기로 하겠습니다. 의견 있으신 분 손들고 말해 주세요."

아이들은 서로 눈치만 슬슬 보았다. 그러는 동안 시우가 칠판에 회의 주제를 적어 넣었다.

혜성학교 설립에 대하여

그러자 선생님이 칠판으로 다가가 이렇게 고쳤다.

혜성학교 설립과 민주주의

선생님이 뒤돌아 씩 웃자 능청꾸러기 경덕이가 물었다.

"민주주의? 학교랑 민주주의랑 무슨 상관인데요?"

아이들도 고개를 갸웃거리며 궁금해했다.

"혜성학교 설립에 찬성, 반대하는 의견을 듣다 보면 저절로 알게 될 거다. 진정한 민주주의가 무엇인지. 자, 시작해 봐라."

똑똑한 반장 시우도 오늘 회의 내용에 대해서는 난감한 표정이었다. 보영이는 시우에게 잘 보이고 싶어 제일 먼저 손을 들었다.

"저는 혜성학교 설립에 대해 찬성합니다. 장애를 가진 친구들이 한 학교에 모여서 자기들에게 걸맞은 교육을 제대로 배울 수 있는 기회가 생기니까요. 일반 학교에 장애 어린이와 일반 어린이들이 섞여 있으면 서로 잘 어울리지도 못하고 공부하는 수준에도 차이가 생겨서 안 좋다고 생각합니다."

보영이는 스스로 말을 참 잘했다고 생각하며 의기양양하게 자리에 앉았다. 그런데 선생님이 또 끼어들었다.

"잠깐, 혜성학교가 '우리 동네에' 설립되는 것을 전제로 토론하는 것이다. 명심할 것!"

그러고 보니 보영이는 그냥 특수학교 설립 자체에 대한 의견만을 말한 셈이었다. 보영인 얼굴이 홍시마냥 붉어졌다.

잠시 뒤 몇몇 아이들이 손을 들었는데, 그중 키다리 현숙이가 말

할 기회를 얻었다.

"저는 반대합니다. 물론 그런 학교가 생기면 장애아들에겐 편리함을 가져다주겠지만, 만일 우리 동네에 그런 시설이 들어오게 되면 어른들 말씀처럼 집값도 떨어지고 안 좋은 동네라는 인식을 심어 주게 될 것 같습니다."

현숙이는 엄마들이 말한 것을 앵무새처럼 그대로 따라 했다. 보영이가 입을 삐죽거렸다.

"저도 반대합니다. 코숭이 마을은 정말 살기 좋고 아름다운 동네입니다. 교통사고도 잘 나지 않고 도둑도 없어서 안심하고 살 수 있는 동네인데, 혜성학교가 들어오면 분위기가 안 좋아질 것 같습니다. 그런 학교는 어디 멀리 도시 외곽에 세웠으면 좋겠습니다. 굳이 우리 동네 한가운데 들어올 이유가 있을까요?"

한경이가 잘난 체하며 말했다.

"굳이 우리 동네에 들어올 이유도 없지만 못 들어올 이유도 없다고 생각합니다. 이제까지 그런 걸 생각해 본 적은 없었는데, 막상 우리 동네에 그런 일이 생긴다고 하니 잘 생각해 보아야 할 것 같습니다. 집값이 떨어지고 분위기가 안 좋아질 것이라는 걱정은 우리들의 입장일 뿐입니다. 장애 어린이나 그 부모님 입장에서 한번 생각해 보았으면 합니다. 제 사촌 동생도 장애를 가졌는데 학교생활이 매우 힘들어서 특수학교로 옮기고 싶어도, 집에서 너무 멀어 힘들다고 합니다. 그런 학교가 가까이에 있다면 장애 어린이 가족들은 참 반가워할 것입니다."

생각이 깊고 어른스러운 정우가 길게 얘기했다. 고개를 끄덕이는 친구들이 많아졌다.

"하지만 장애아 가족의 이익만 따질 수는 없습니다. 장애 어린이보다 일반 어린이가 훨씬 더 많으므로, 수가 많은 쪽의 이익을 따라가는 것이 민주주의 아닐까요? 다수결 원칙이란 것도 그래서 있는 거고요."

진주가 평소답지 않게 진지하게 이야기했다.

"진정한 민주주의는 소수의 의견을 소중히 하고, 특히 약한 자의 편을 들어주는 것이라고 생각합니다. 약한 자를 위해서 배려해 주는 것이 진정한 민주주의고 잘사는 동네, 잘사는 나라가 아닐까요? 못사는 사람이 잘살게 되는 평등한 나라가 진정한 민주주의 국가라고 생각합니다."

정우가 다시 말을 되받았다.

"평등만이 제일은 아니지요. 민주주의 국가에서는 평등 못지않게 자유도 중요합니다. 모든 사람이 어떻게 평등해질 수 있습니까? 평등을 위해서 자유까지 억압할 필요는 없다고 생각합니다."

한경이도 기세등등하게 되받아쳤다.

"진짜…… 민주주의는 자유와 평등이…… 잘 조화된 것이라고 생각합니다. 그러기…… 위해서는 개인주의적인 욕심보다는…… 공동의 이익을 추구해야…… 할 것입니다. 그래서 혜성학교…… 문제도 그런 입장에서 볼…… 때 우리 동네가 떠안아야 할…… 일이라고 생각하는데요."

느리지만 또박또박 이어지는 종민이의 말에 아이들은 크게 고개를 끄덕이더니 한동안 말을 하지 못했다.

"그럼 다른 의견은 없으신가요? 우리 동네에 혜성학교라는 특수 학교가 생기는 것을 찬성하는 쪽으로 결론지어도 되겠습니까?"

"네!"

아이들이 한목소리로 대답했다. 박수치는 아이들도 있었다. 선생님이 흐뭇한 얼굴로 마무리를 지으셨다.

"오늘 회의를 해 보니 어떠냐? 평소에 생각해 보지도 못한 문제에 대해서 진지하게 생각하는 기회가 되었지? 쓰레기 소각장, 하수처리장, 고아원, 복지시설 등과 같은 소위 '비선호 시설'이 사회

에 꼭 필요한 것이라는 걸 알면서도 우리 동네에는 절대로 안 된다는 생각을 많이들 하지만, 그건 결코 바람직하지 않단다. 우리의 이익이 중요한 만큼 다른 사람, 즉 다른 동네 사람들과 그 시설의 혜택을 입을 많은 사람들의 이익도 똑같이 중요한 것이니까 말이야. 그러니 무턱대고 반대할 일은 아니라는 거지. 공동의 이익을 생각하는 것이 진정한 민주주의다. 나, 우리 가족, 우리 동네만 생각하는 것은 위험한 생각일 수도 있단다. 참다운 민주주의를 완성하려면 사람들의 인식이 바뀌어야 하지. 그리고 그것이 계속해서 전승되어야 해. 마음의 습속이라고 할까? 이러한 마음의 습속과 전통을 만들어 가는 데 중요한 역할을 하는 것이 바로 시민사회란다."

"그게 뭔데요?"

누군가 물었다.

"시민사회란, 프랑스의 철학자이자 정치가인 토크빌의 말을 빌리면, 시민과 국가의 관계를 매개하는 집단들의 집합체를 말한단다. 쉽게 말하면 스스로 발생된 사회집단이지. 우리 주위에도 시민운동 단체 같은 게 많이 있잖아. 그런 것들이야. 시민사회는 개인과 국가의 중간 영역으로서, 국가의 독재를 막고 개인주의의 폐해(나쁜 점)를 방지하는 역할을 한단다. 이들이 추구하는 이익은 사적인 것이 아니라 공동의 이익, 다른 사람들의 이익에도 충실한 것이라는 게 특징이지. 마을에서 일어나는 모든 일에 참여하기도 하고. 때문에 반상회 같은 것도 여기에 속한단다. 올바로 운영되기만 한다면 말이야. 하하."

"너무 어려워요!"

여기저기서 아이들이 소리쳤다.

"시민사회는 민주주의를 가능하게 하는 사회 문화적인 기반이라고 할 수 있단다. 우리 모두는 물질적인 이익만을 추구하는 지극히 개인적인 존재로 전락하기보다는 개개의 시민사회 속에서 각자의 역할을 다하여 공동의 이익을 추구하는 구성원이 되어야 한다. 그게 바로 민주주의란다. 최대 다수 성원의 복지가 목표인 사회, 대중들의 행복을 최우선으로 하는 사회가 바로 민주주의 사회라고 할 수 있지."

회의를 하기 전까지만 해도 보영이는 혜성학교에 괜한 거부감을 가지고 있었는데 회의가 끝나고 나니 그런 생각을 했던 이유조차 뚜렷이 없었음에 놀랐다.

'그런데 왜 엄마는 그렇게 펄펄 뛰며 반대하는 거지? 엄마는 민주주의도 모르나?'

3 엄마의 단식투쟁

보영이가 집에 오니 엄마는 없고 이런 쪽지만 달랑 냉장고에 붙어 있었다.

보영아, 엄마 단식투쟁하러 간다. 밥 잘 챙겨 먹고 바이올린 교습 잘 다녀와.

'단식투쟁?'

보영이는 이게 정말 엄마가 쓴 쪽지인지 자꾸만 확인해 봤지만 비뚤비뚤한 게 엄마 글씨가 틀림없었다.

엄마는 평소에 텔레비전에서 어떤 사람들이 머리를 박박 밀고 단식투쟁한다고 앉아 있는 걸 보면 늘 혀를 끌끌 찼었다. 배부르고 할 일 없어서 저런다고 말이다. 또 데모하는 대학생들을 보고도 욕을 하거나 화를 냈다. 엄마한테 데모하는 것도 아닌데 말이다.

보영이는 엄마 휴대폰으로 전화를 걸었다.

"엄마, 갑자기 웬 단식투쟁? 누구한테 하는 건데? 어디서?"

"응, 지금 동네 아줌마들이랑 시청 앞에 와 있어. 혜성학교인지 뭔지 그거 절대 안 된다고 데모하는 거야. 어떻게든 막아 봐야지."

"단식투쟁하면 아무것도 못 먹는 거잖아."

"얼른 바이올린이나 배우러 가. 버스 번호 잘 보고 타고. 또 덜렁대다 잘못 탈라."

엄마는 그 말만 하고는 전화를 툭 끊었다. 엄마가 점점 이상해지는 것 같다. 선생님 말씀을 떠올려 보니 동네 사람들이 혜성학교 설립에 반대하는 것은 말 그대로 지역이기주의였다. 보영이는 갑자기 엄마가 창피해졌다. 하지만 아빠도 못 말리는 엄마를 쉽게 말릴 수 있을 것 같지는 않았다.

퇴근해 들어온 아빠는 오자마자 엄마부터 찾는다.

"네 엄마는?"

아빠가 넥타이를 풀다 말고 두리번거리며 물었다.

"단식투쟁하러 시청에 갔어."

"쯧쯧, 드디어 일을 벌이는구먼."

아빠랑 보영이가 저녁을 다 먹을 즈음 엄마가 돌아왔다.

"단식투쟁 잘하고 왔나, 홍 여사?"

아빠가 빈정거리며 말했다. 엄마는 얼굴이 불그스름해져 있었다.

"그렇게 나 몰라라 할 때가 아니에요. 오늘 보니까 무슨 시민 단체인가 어디서 나와 가지고 우리보고 나쁘다고 하대요. 참나, 기가 막혀서. 우리보고 이기적이라나? 자기 지역밖에 모르는 사람들이라는 둥, 하여간 엄청 기분 나빴어요. 그럼 자기네 동네로 가져가지! 이대로 가다간 그런 쓸데없는 여론에 밀리게 생겼다고요."

"누군지 몰라도 바른 소리 잘했네, 뭐."

아빠가 통쾌한 듯 웃으며 말했다.

"보영아, 너도 알지? 반상회 때 아나바다 바자회 주도하던 총각 말이야. 장애인 인권 어쩌고 하는 데서 일한다는…… 그 사람도 와서는 우리를 막 설득하더라고."

엄마는 아직 흥분이 가라앉지 않은 듯했다.

"엄마! 제발 지역이기주의에서 벗어나세요. 그거 안 좋은 거래. 민주주의가 아니래."

보영이가 어른스럽게 엄마를 타일렀다.

"애 좀 봐. 그 총각이 너한테도 그러대? 그 누구냐, 토크빌인가 뭔가 꼭 아파트 이름 같은 사람이 그랬다고 하더라. 성숙한 시민 사회가 민주주의의 바탕이 된다고. 그럼 우리가 성숙하지 못하다는 얘기야? 흥!"

엄마가 불쾌하다는 듯 말했다.

"우리 반 학급 회의 때 나온 얘기들이야. 엄마도 학교 와서 토론 한번 해 봐. 히히."

"아유, 배고파. 밥이나 퍼."

"단식투쟁한다며?"

엄마가 손도 씻지 않고 식탁에 풀썩 앉았다.

"밖에서만 안 먹고 집에 오면 먹는 게 무슨 단식투쟁이야? 무식하기는."

아빠가 과장되게 호통을 쳤다.

"알 게 뭐람! 집에서야 밥을 먹는지 간식을 먹는지. 호호호."

엄마는 허겁지겁 숟가락을 들었다.

"엄마는 엉터리야!"

밥을 퍼 주고 나서 보영이는 이렇게 말하고 방으로 들어가 버렸다.

한참 뒤에 엄마가 보영이 방으로 들어왔다.

"보영아, 엄마 정말 엉터리지? 단식투쟁하려면 끝까지 해야 하는데 비겁하게 집에서 몰래 밥이나 먹고…… 미안해."

"엄마!"

"아이고, 깜짝이야. 왜 소리는 지르고 그래?"

"그래서 엉터리라는 게 아니야."

"그럼?"

"엄마는 민주주의도 몰라? 그렇게 자기만 생각하고 자기 가족만 생각하는 건 민주주의가 아니래. 다 같이 더불어 사는 사회가 되려면 혜성학교 같은 것도 필요하다고. 그게 왜 꼭 남의 동네에만 생겨야 해? 우리 동네에도 생길 수 있는 거야. 그걸 왜 단식투쟁까지 하면서 말려?"

"이야, 우리 딸 갑자기 어른스러워졌네?"

이렇게 말한 건 엄마가 아니라 아빠였다. 엄마는 보영이의 말에 충격을 받아 말을 잃고 서 있었다. 하지만 말을 잃은 건 단 몇 뿐이었다.

"애가 엄마한테 말하는 버르장머리 좀 봐. 누가 그래? 너네 선생이 그래?"

"……응."

보영이는 엄마의 기세에 눌려 개미만 한 목소리로 말했다.

"너네 선생 안 되겠네. 애들한테 이상한 소리나 하고. 어서 잠이나 자!"

엄마는 괜히 화를 내면서 방을 나갔다. 아마 정곡을 찔린 게 부끄러워서일 것이다.

"아빠, 우리 선생님 말이 틀린 거야?"

"아니, 다 맞는 말이야. 엄마도 곧 포기하게 될 거야."

"그럼 아빠도 찬성이야, 혜성학교 세우는 거?"

"당연하지. 그렇게 좋은 일을 왜 반대해? 반대할 이유도, 자격도 없단다."

"오늘 학급 회의 시간에 토론하다 보니까 점점 아이들이 찬성하는 쪽으로 기울었어."

"보영이 너도?"

"응. 난 처음엔 아무 생각 없었는데, 토론을 해 보니까 그게 맞는 것 같아."

"역시 아빠 딸이다."

아빠가 보영이에게 살짝 윙크를 해 준 뒤 불을 끄고 나갔다.

다시 날이 밝았다. 아침밥을 먹는데 텔레비전 뉴스에 낯익은 얼굴이 스쳐 지나갔다.

"엄마다!"

보영이가 손가락으로 화면을 가리켰다. 하지만 엄마 얼굴은 금방 지나갔다. 대신 다른 아줌마, 아저씨들이 계속 보였다. 단식투쟁을 선언하며 혜성학교 설립을 반대하는 시위를 하고 있는 장면이었다. 반상회 때 보았던 어른들이 텔레비전에 나오는 것을 보니 보영이는 신기하기만 했다.

"뉴스에 출연도 하고 홍 여사는 좋겠네."

아빠가 빈정거리며 엄마에게 말했다.

"어제 방송국에서 찍어 가더니 정말 나왔네. 아유, 쑥스러워라. 호호."

엄마는 좋은 일로 나온 것도 아닌데 괜히 기분이 들떠 보였다.

그 후로 엄마는 진짜로 단식투쟁을 사흘 정도 했다. 평소의 엄마로서는 상상도 못할 일이었지만, 혜성학교가 들어서는 게 밥까지 안 먹을 일인지 정말 꼬박 사흘을 굶었다.

4 거부하고 싶은 등교 거부

학급 회의를 하고 며칠 지나지 않아 교무실에는 항의 전화가 빗발쳤다. 학부모들이 보영이네 담임선생님에게 불만을 터뜨린 것이다. 보영이 엄마도 예외는 아니었다.

종례 시간에 선생님은 조금은 기죽은 얼굴로 교실에 들어왔다. 아이들은 선생님에게 혼이 날까 봐 두려워했지만 선생님은 아무 탓도 하지 않았다.

"다들 집에 가서 부모님과 회의 내용에 대해서 다시 얘기를 해

본 모양이구나. 그래, 부모님과 얘기를 해 보니 생각이 다시 변했니?"

"아니요."

그러나 아이들의 목소리는 전날과 달리 힘이 없어 보였다. 아예 관심조차 없는 아이들도 많았다.

선생님이 나간 뒤 보영이는 종민이의 표정을 살짝 훔쳐보았다.

"왜?"

보영이의 시선을 눈치 챈 종민이가 물었다.

"저기…… 혜성학교 말이야. 우리 동네에 들어오면 너도 그 학교로 전학 갈 거야?"

종민이는 당황한 기색이 역력했다. 그러더니 대답도 하지 않고 복도로 나가 버렸다. 순간 보영이는 아차 싶었다. 미안한 마음에 얼른 종민이를 뒤따라 나갔다.

"오해하지 마. 그냥 한번 물어본 거야."

"……"

"화났어?"

"아니."

아니라고 하지만 종민이는 틀림없이 화가 난 것 같았다. 앞서 걷던 종민이가 다시 뒤돌아 말했다.

"내가 네 짝인 게…… 그렇게 싫어? 미안하지만…… 난 그런 학교 갈…… 돈 없어."

"그게 아니라……."

보영이가 쩔쩔매고 있을 때 진주가 헐레벌떡 뛰어왔다.

"먼저 가면 어떡해? 한참 찾았잖아. 그런데 종민이랑 뭐 했어?"

"하긴 뭘 해!"

보영이도 짐짓 화를 내며 진주 손을 잡아끌고 종민이를 지나쳐 갔다. 씩씩거리며 걸었지만 여전히 종민이에게 미안한 마음이 들었다.

"우리 집에 갈래?"

진주가 말했다.

"아무도 없어?"

"있으면 어때?"

"알았어."

진주네 집은 보영이네 집보다 훨씬 더 넓었다. 궁전이 따로 없었다.

숙제를 하고 나서 놀고 있는데 진주 엄마가 들어왔다.

"안녕하세요?"

"그래, 보영이 많이 예뻐졌네. 참, 네 엄마도 방금 집에 들어가셨는데. 어서 가 봐."

진주가 펄쩍 뛰었다.

"금방 숙제 끝내고 놀려고 하는데 왜 가래?"

"보영이네 엄마가 보영이한테 할 얘기가 있으시대. 흥분부터 하기는."

보영이는 부랴부랴 집으로 왔다. 엄마는 밀린 설거지를 하고 있었다.

"어디 다녀오니? 집으로 곧장 오지 않고."

"진주랑 숙제했어. 바이올린 가는 날도 아닌데 뭐. 그런데 나 왜 찾았어?"

엄마는 설거지를 다 하고 난 다음에야 보영이를 마주 앉혔다.

"엄마 말 잘 들어. 내일부터 학교 가지 마."

"왜?"

"글쎄, 엄마 말대로 해. 반상회에서 그렇게 결정했으니까."

"반상회를 또 했어?"

"필요하면 매일이라도 해야지."

"그런데 왜 학교에 가지 말라는 거야?"

"너희들도 혜성학교 설립에 반대 의사를 표시해야지."

"우린 반대 안 하는데?"

"뭐야?"

엄마가 보영이를 잡아먹을 듯이 노려봤다.

"우리 반 애들은 다 찬성해. 진짜야."

"너도?"

"응."

"너네 선생이 아무 말 안 해? 분명히 애들한테 다시 얘기 잘 하라고 했는데."

"엄마, 우리 선생님 말 틀린 거 없대. 그리고 토론은 우리끼리 한 거지, 선생님이 이래라저래라 한 거 아니야."

"시끄러워. 엄마 말이 맞아."

"싫어! 난 학교 갈 거야."

보영이는 엄마를 원망하며 울다 잠이 들었다.

다음 날 아침, 보영이는 아침을 먹고 멍하니 앉아 있었다. 학교에 가야 할지 말아야 할지 몰랐기 때문이다. 오늘따라 아빠마저 새벽같이 출근하고 없었다.

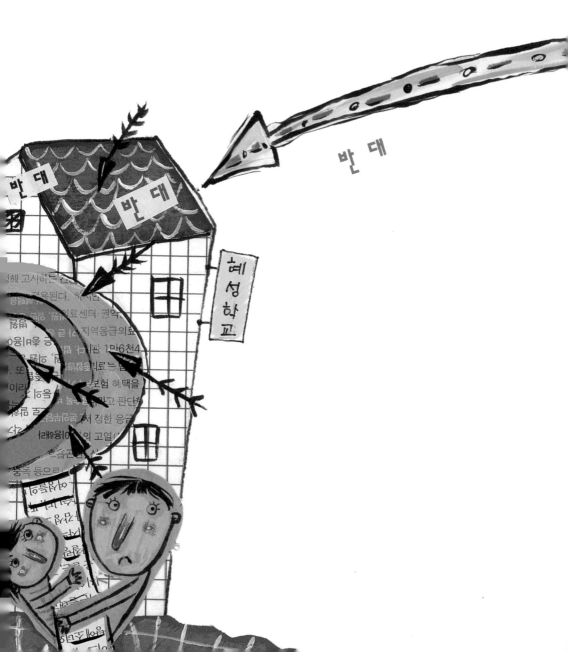

"너 지금 뭐 하는 거야?"

엄마가 뒤에서 소리쳤다.

"학교 가지 말라며? 그래서 그냥 있잖아."

"옷 입어."

"왜?"

"학교 가게."

"왜 이랬다저랬다 해? 아이참."

보영이는 방으로 들어가 가방을 챙겼다.

"공부하러 가는 거 아니니까 옷만 입어."

엄마가 도대체 무슨 속셈인지 알 수 없었다. 보영이는 입이 잔뜩 나와서 소 끌려가듯 학교로 끌려갔다.

공원을 지나는데 진주와 진주 엄마가 보였다.

"진주야!"

진주와 진주 엄마가 뒤돌아보았다. 보영이와 진주보다 엄마들끼리 더 반가워했다. 진주도 책가방을 들고 있지 않았다.

"보영아, 너도 가방 안 가져왔어? 우리 뭐 하러 가는 건지 알아?"

"몰라. 엄마가 이러고 따라오래."

교문 앞에 도착하니 수많은 아이들이 엄마와 손을 잡고 웅성거리며 서 있었다. 교문 안으로 들어가는 아이들은 몇 명 되지 않았다. 대부분이 부모님과 함께 바깥에서 기다리고 있는 중이었다.

교문 옆 담장에는 플래카드가 걸려 있었다.

등교 거부! 혜성학교 설립 반대! 교육 환경 사수! 투쟁!

그때, 시우가 교문 안으로 들어가는 것이 보였다. 보영이도 따라 들어가고 싶었지만 엄마가 손을 꽉 잡고 놓아주지 않았다.

잠시 후 종민이도 보였는데, 보영이와 눈이 마주치자 모른 체하더니 교문 안으로 사라졌다.

'아직도 화났나?'

민주주의란

보영이 반에서는 혜성학교 설립을 두고 토론이 벌어졌어요. 그런데 선생님은 토론의 주제를 '혜성학교 설립과 민주주의'로 정하셨습니다. 그리고 아이들도 민주주의를 위해서 혜성학교 설립을 찬성·반대한다고 이야기합니다. 모두들 민주주의, 민주주의 하는데, 도대체 민주주의가 뭘까요? 그리고 민주주의는 왜 좋은 것일까요? 그것도 모른 채 '민주주의를 위해서'라고 말하는 것은 맹목적인 것밖에 되지 않습니다.

민주주의라는 말은 그리스어 demokratia에서 나왔어요. demo는 '국민'이라는 뜻이고, kratos는 '지배'라는 뜻이에요. 이 두 단어가 합쳐져 '국민의 지배'라는 뜻의 '민주주의'가 만들어진 것입니다. 그렇다면 '국민의 지배'와 반대되는 건 무엇일까요? 바로 '귀족의 지배', '왕의 지배', '독재자의 지배'라고 할 수 있습니다. 그런 나라에서 국민은 그저 복종하고 따르기만 할 뿐이죠. 그러나 국민이 지배하는 민주주의 국가는 다릅니다. 링컨 대통령의 유명한 연설에서처럼 '국민의, 국민에 의한, 국민을 위한' 나라가 바로 민주주의 국가입니다.

민주주의 국가에서는 대개 국민들이 뽑은 대통령이 국가의 대표로서 일을 합니다. 그러나 영국에서 처럼 왕이 있는 민주주의 국가도 있답니다. 물론 왕이 자기 마음대로 나라를 다스리는 것이 아니라, 법이 나라를 다스리는 것이긴 하지만요. 그리고 그 법은 국민들의 대표로 구성된 의회에서 만들어진답니다. 그래서 영국도 '국민이 지배하는' 민주주의 국가인 것이지요.

자유와 평등

민주주의가 추구하는 최고의 가치는 바로 '인간 존중' 입니다. 특정한 사람, 이를테면 왕이나 귀족만을 존중하는 것이 아니라, 국민 한 사람 한 사람을 존중하는 것이 바로 민주주의 정신이에요. 이러한 인간 존중의 정신은 자유와 평등의 보장으로 실현되지요. 그래서 자유와 평등이 중요하다고 하는 것입니다. 보영이 반에서 이뤄진 토론에서도 발표자들이 자유와 평등에 대해 서로 이야기하는 것을 보았을 것입니다.

토크빌은 이런 질문을 던졌어요. '미국에서는 민주주의가 성공하였

는데 왜 프랑스에서는 자유와 평등의 민주주의가 발전하지 못하였는가?' 하는 질문 말이에요. 토크빌이 생각한 민주주의는 어떤 것이었는지, 그중 두 가지만 살펴보기로 해요.

첫째는 자유의 보장이에요. 국민들이 자유롭게 나랏일에 참여할 수 있는 정치적인 자유가 보장되어야 한다는 거죠. 만약 국민들의 참여를 정부가 막는다면, 그 나라는 민주주의 국가라 할 수 없을 것입니다. 토크빌이 살았던 당시 프랑스는 이러한 국민들의 자유가 보장되지 않아서 국민들의 불만이 극도로 높았어요. 그래서 혁명이라는 과격한 방법을 통해 국민들은 자신들이 누려야 할 자유를 쟁취하고자 한 것입니다.

우리나라도 이름뿐인 민주주의 국가일 때가 있었답니다. 국민들의 정치적 자유를 억누르고, 독재자의 마음대로 나랏일을 처리했던 어두운 역사가 있습니다. 그러나 자유를 쟁취하기 위한 많은 사람들의 피와 땀이 있었기에 오늘날 대한민국은 '국민의 지배'가 이뤄지는 진정한 민주주의 국가가 되었어요.

둘째는 평등의 보장이에요. 이 말은 신분의 차별을 없앤다는 의미입니다. 신분에 따라 그 사람이 누릴 수 있는 권리와 책임이 다른 나라는 민주주의 국가라 할 수 없습니다. 날 때부터 귀족, 양반과 노예, 천민이 정해져 있는 나라를 생각해 보세요. 불공평하고 부당한 일들이 가득할 수밖에 없는 나라겠죠? 그런 나라에서는 모두 똑같은 인간으로서 공평하게 존중받지 못합니다. 귀족이나 양반만이 존중될 뿐이며, 노예나 천민은 인간으로서 마땅히 받아야 할 기본적인 존중조차 받을 수 없습니다. 같은 인간임에도 불구하고 개나 소와 같은 취급을 받게 되는 것이죠. 때문에 이런 나라는 민주주의 국가라 할 수 없습니다.

또 신분에 따라 재산을 축적하고 늘릴 수 있는 기회가 달리 주어지는 나라도 민주주의 국가가 아니에요. 노예는 하루 종일 일해도 주인의 재산만 늘려 줄 뿐, 정작 자신은 아무것도 가질 수 없답니다. 하지만 민주주의 국가에서는 자신이 수고하고 노력한 만큼 재산을 늘릴 수 있어요.

이렇듯 자유와 평등은 민주주의를 실현하기 위해 반드시 필요한 두 가지이지만, 자유와 평등을 동시에 이루는 것은 쉽지 않습니다.

자유와 평등의 조화

잠시 보영이 반의 토론으로 돌아가 볼까요? 아이들은 혜성학교의 설립을 찬성하는 쪽과 반대하는 쪽으로 나뉩니다. 찬성하는 쪽은 그동안 특수학교가 학생들이 등교하기 힘든 곳에 들어섰기 때문에 가뜩이나 몸이 불편한 학생들을 더 어렵게 했음을 주장합니다. 이처럼

장애를 가졌다고 해서 불평등을 겪어야 한다면 민주주의와는 멀어지
겠지요.

　반면, 반대하는 쪽에서는 특수학교가 마을에 들어서게 되면 집값이
떨어지고 또 마을 분위기가 안 좋아지기 때문에 쾌적한 환경에서 살
자유를 침해하는 것이라고 주장합니다. 민주주의는 자유를 보장하기
때문에 이 또한 무시할 수 없는 의견입니다.

　하지만 양쪽 모두 민주주의를 위해서라고 하면서 한 치도 양보할 수
없게 팽팽히 맞서는 상황은 언뜻 이해가 잘 되지 않습니다. 자유와
평등은 정말 동시에 보장되기 어려운 것일까요?

　그래서 선생님은 혜성학교 설립의 문제를 민주주의와 관련지어서
토론해 보자고 하신 것입니다. '나'와 '너'를 분리해서 생각한다면
민주주의 국가는 자유와 평등의 충돌로 몸살을 앓을 거예요. 하지만
'나'와 '너'를 함께 '우리'로 생각한다면 자유와 평등의 조화가 이뤄
질 수 있습니다. 토론 마지막에 종민이가 한 말 기억나죠? '개인의
욕심보다는 공동의 이익을 생각해야 한다'는 말 말이에요. 공동의 이
익이란 반드시 내가 속한 공동체의 이익만을 뜻하는 것이 아닙니다.
내가 속한 공동체만의 이익은 개인의 욕심과 마찬가지이기 때문입니
다. 내가 속하지 않은 공동체까지 함께 생각해야 공동의 이익을 생각
하는 것이라 할 수 있겠죠. 그렇게 할 때 자유와 평등은 조화를 이룰

수 있습니다.

　코숭이 마을 민주 아파트의 반상회처럼 민주적인 공동체도 다른 공동체와 함께 살아간다는 것을 잊어버릴 때 집단 이기주의에 빠진다는 것을 우리는 알 수 있었죠? 이처럼 나와 내가 속한 공동체뿐만 아니라 다른 사람, 다른 공동체의 이익까지 함께 추구할 때 자유와 평등이 조화를 이루는 민주주의 국가가 이뤄질 수 있답니다.

혜성학교의 앞날

 자신의 눈에 인간 쇠퇴로 보이는 것이 신의 눈에는 발전으로 비친다.

－토크빌

1 코숭이 마을의 분열

보영이가 엄마와 함께 등교 거부 운동을 한 지도 벌써 열흘이 다 되어 간다. 다른 아이들도 대부분 부모님 손에 이끌려 교문 앞에 앉아 시위를 하곤 했다. 아이들에게는 등교 거부를 하고 밖에서 시위를 하는 것이 처음에는 신나는 일이었지만, 점점 별 볼일 없는 것이 되어 갔다.

보영이와 진주는 엄마들 뒤에서 몰래 만화책을 읽거나 군것질을 하며 수다를 떨곤 했다. 하지만 엄마들은 목이 터져라 '투쟁' 어쩌고 하면서 연신 소리를 질러 댔다.

그런데 시간이 지날수록 등교 거부 운동을 하지 않고 교실로 들어가는 아이들이 점점 늘어났다. 보영이네 반만 해도 그랬다. 처음에는 네댓 명만 들어가더니 요즘은 열 명도 넘게 교실로 들어갔다. 시위에서 빠져나가는 엄마들이 늘어났기 때문이었다. 시청을 상대로 하는 싸움에서 이길 확률이 그리 높지 않다는 소문이 돌았던 것이다.

보영이도 이제 그만 학교에 가서 공부도 하고 진주랑 시우랑 재미있게 놀고 싶었지만, 엄마가 절대로 안 된다고 해서 억지로 등교 거부를 할 수밖에 없었다.

수업에 참여하는 아이들과 등교 거부를 하는 아이들의 사이도 점점 어색해졌다. 마치 적군과 아군처럼 나뉘어 아이들은 말도 섞지 않게 되었다. 학급 회의 시간에 토론할 때에는 마음이 하나로 뭉쳤었는데, 등교 거부를 하기 시작한 뒤로는 왠지 모를 적대감마저 서로 갖는 듯했다.

교실에 들어가는 아이들은 보영이와 진주 같은 아이들을 한심하게 바라봤고, 반대로 보영이와 진주는 그런 아이들을 원망 섞인 눈빛으로 바라봤다. 아이들 사이에는 어떤 강 같은 것이 흐르고 있었다. 쉽게 건널 수 없는…….

점심때가 되자 엄마가 보영이를 일으켰다.

"가자."

보영이가 눈을 껌벅거리며 엄마를 바라봤다.

"집에 갔다가 다시 나와야 돼."

보영이는 이제 엄마를 따라다니는 것도 지쳤고, 노는 것도 지겨웠다. 집에 온 보영이는 투덜대기 시작했다.

"엄마, 왜 나까지 이래야 돼? 난 반대 안 한다고 했잖아. 나 공부하고 싶어."

"공부하랄 땐 안 하고! 조금만 참아. 너희 같은 어린애들이 나서 줘야 더 설득력이 있다고."

"설득력이 뭐야?"

"쉽게 말하면, 어른들보다 너희들이 데모를 해야 잘 먹힌다는 거지."

"데모하면 나쁜 사람이라며?"

"뭐? 그건…… 아! 좋은 데모도 있는 거야."

밥을 먹고 난 뒤 엄마는 모임에 간다고 보영이를 두고 나갔다.

보영이가 나른해져서 낮잠을 자려고 하는데 진주가 찾아왔다.

"보영아, 우리 엄마 있는 데 가자."

"싫어, 지겨워. 재미도 없고."

"엄마 휴대폰 갖다 주러 가야 돼. 그거만 주고 오자. 응?"

보영이는 하는 수 없이 진주와 함께 엄마들이 있는 사무실로 갔다. 동네 어른들은 이제 노인정에서 모이지 않고 동사무소 앞 어느 작은 사무실을 빌려 그곳에서 꿍꿍이를 꾸미고 있었다.

엘리베이터가 없어 약국 건물 3층까지 헉헉거리며 올라가니 사무실 안에서 큰 소리가 났다.

"지현 엄마! 그럼 이제 와서 발을 빼겠다는 거여?"

"아무래도 소용없을 것 같은데 어떡해? 먹고살기는 해야지. 이러다가 밥줄까지 끊기겠어."

"누가 매일 나오래? 시간 될 때만이라도 나오라는 거 아냐?"

"몰라! 난 그만 할래. 나 찾아오지 마."

"혼자만 살겠다고 그러고 간다 이거지!"

문을 열려고 하는데 누군가가 문을 발로 쾅 차고 나오는 바람에 하마터면 진주가 다칠 뻔했다. 보영이는 진주 뒤에 얼른 숨었다.

몇몇 사람이 계단을 내려가자 뒤쫓아 나온 여러 사람들이 욕을 해대며 뒤따라갔다. 그러더니 1층 약국 앞에서 다시 한바탕 소란

이 벌어졌다. 감정이 격해진 아저씨 둘이서 멱살까지 잡고 싸웠던 것이다. 다른 사람들도 싸움을 말리기는커녕 오히려 서로 편을 들며 싸움을 부추기고 있었다. 급기야 파출소에서 경찰들이 출동하고 나서야 겨우 조용해졌다.

"엄마!"

싸움이 끝나는 걸 보고 나서 진주는 엄마를 찾아 휴대폰을 건네주었다. 보영이도 엄마를 발견하고는 안으로 들어갔다. 사무실 안에는 아직도 수십 명의 아저씨, 아줌마들이 앉아 있었다. 조금 뒤 대머리가 벗겨진 서점 주인아저씨가 입을 뗐다.

"코숭이 마을이 어쩌다 이렇게까지 됐는지…… 그놈의 혜성학교 때문에…… 에잇!"

"그러게 말이에요. 그까짓 것 그냥 설립하라고 내버려 둘까요?"

어떤 아줌마가 고개를 비죽 내밀며 말했다.

"안 돼요. 여태껏 얼마나 힘들게 싸웠는데…… 이게 다 누이 좋고 매부 좋고, 다 같이 잘되자는 건데 왜들 힘 빠지게 이러세요?"

미용실 아줌마가 흥분하며 끼어들었다.

"이게 다 같이 잘살자는 겁니까? 솔직히 그건 아니죠. 벌써부터 이렇게 의가 상하고 분열이 생기는데. 그리고 혜성학교 설립을 원하는 사람들은 뭡니까? 그 사람들은 외계인입니까? 사실 그들도 이익을 추구할 권리가 있어요. 우리 이쯤에서 그만 양보합시다."

모르는 아저씨가 점잖게 말했다.

"맞아요. 그동안 코숭이 마을이 얼마나 다른 동네에 모범이 돼 왔습니까? 이건 너무 망신스러운 일인 것 같아요."

누군가 동의했다.

"하지만 여기 계신 분들 모두 불과 몇 시간 전만 해도 열심히 반대하셨잖아요. 이러지 말고 우리 투표로 결정합시다."

보영이 엄마도 속으로 갈등을 느끼고 있는 것 같았다.

"무슨 투표?"

보영이가 엄마에게 조용히 물었다.

"소송을 할 건지 말 건지."

"소송?"

"응, 혜성학교 설립 허가를 취소해 달라는 소송 말이야. 이제 법에 맡겨야지. 자꾸 싸우기만 하고 안 되겠어."

"어떻게 하는 건데?"

"법원에 소장을 내면 되지."

"소장은 또 뭐야?"

"법원에 제출하는 최초의 진술서를 말하는 거야. 우리 생각을 다 정리해서 제출하는 거지."

30분쯤 지나자 나갔던 사람들이 다시 하나 둘 들어오기 시작했다. 곧 투표를 하기로 했다는 것이다. 보영이는 투표 결과가 궁금해서 남아 있었고, 진주는 학원에 가야 한다고 먼저 가 버렸다.

임시로 만든 투표용지에 각자 볼펜으로 표시를 해서 제출했다. 보영이가 슬쩍 엿보니 엄마는 소송을 찬성하는 쪽에다 표시했다.

"자, 이제 개표하겠습니다."

서점 아저씨가 표를 펴고, 세탁소 아줌마가 칠판에 표시했다.

"찬성, 찬성, 찬성, 반대, 찬성, 반대, 반대, 찬성, 찬성, 반대……."

한참 뒤 결과가 나왔다. 총 67명 가운데 43표가 소송 찬성, 24표가 소송 반대였다. 그래서 결국 소송을 하기로 결론이 났다.

소송에 반대하는 사람들은 모임에 나오지 않겠다고 하면서 집으로 돌아갔고, 찬성자들 중에서 소송을 준비할 대표자들을 뽑은 다음 이날 모임은 일단 끝이 났다. 보영이 엄마도 대표자 중 한 사람이 되었다.

2 학교로 돌아가다

　토요일 아침이었다.

　보영이는 어느새 늦잠 자는 게 버릇이 돼 버렸다. 학교에 가지 않아도 되니 그럴 수밖에…… 새벽까지 컴퓨터 게임을 하고 늦게까지 실컷 잠을 잘 수 있어서 이것 하나는 좋다는 생각이 들었다. 물론 엄마, 아빠에게는 비밀이었지만 말이다.

　아직도 한창 꿈나라인데 엄마가 벌컥 방문을 열었다.

　"보영아, 학교 가."

이불 속의 보영이는 꿈속에서 잘못 들은 줄 알고 계속 잠에 빠져 있었다.

"일어나서 학교 가라고!"

엄마가 다시 한 번 소리를 빽 질렀다. 그제서야 보영이는 벌떡 일어났다. 정신을 차리고 보니 듣던 중 반가운 소리였다.

"정말? 학교 가도 돼?"

"그래, 너희들은 그만 해도 돼. 이제 엄마들이 알아서 할 거니까."

"야호!"

보영이는 학교가 그렇게 좋은 곳인 줄 미처 몰랐다. 예전에는 어떻게 하면 학교를 빠져 볼까 궁리했는데, 이제는 그런 생각 안 하고 열심히 공부만 잘할 것 같은 기분이 들었다.

엄마와 다른 어른들이 혜성학교 설립 허가를 취소해 달라는 소송을 하고 있어서 이제 아이들은 그만 빠져도 된다는 것이 엄마의 설명이었다. 보영이의 마음은 새털처럼 가벼워졌다. 그동안은 선생님에게 죄를 짓는 기분이 들어서 영 개운치가 않았기 때문이다.

보영이는 얼른 씻고 학교에 갔다. 학교에 가는 발걸음이 날아갈 듯 가벼웠다. 오랜만에 학교에 가니 모든 것이 신기하고 재미있었다. 안 그래도 전학 온 지 얼마 안 되어 학교에 정들려고 노력하는 중에 엄마 때문에 시간을 많이 허비했다고 생각했는데 이제 괜찮았다. 진주가 먼저 교실에 와 있었다.

"보영아!"

진주가 반갑게 불렀다.

"뭐야? 올 거면 같이 오지, 왜 너만 먼저 왔어?"

보영이는 진주가 혼자서 학교에 온 것이 섭섭했다.

"미안, 엄마가 차로 태워다 줘서……."

"치, 얼마나 멀다고 차를 타고 오냐."

하지만 보영이는 곧 마음이 풀려 진주와 장난을 치느라 선생님이 들어오는 줄도 몰랐다.

"음, 이제야 모두 출석했구나. 반갑다."

화낼 줄 알았던 선생님이 웃는 얼굴로 맞아 주자 보영이는 기분이 너무 좋았다. 종민이도 보영이를 보고 헤헤 웃었다. 며칠 안 봤다고 보영이도 내심 종민이가 반갑게 느껴졌다.

쉬는 시간에 종민이가 쭈뼛거리며 과제 공책을 내밀었다.

"이거…… 밀린 과제야. 안 해도…… 될지도 모르지만…… 알려 주고 싶어서……."

역시 모범생답다. 보영이는 못 이기는 척 공책을 받았다.

"알았어."

보영이는 공책을 가져다 수첩에 간단히 옮겨 적었다.

"고마워."

공책을 돌려주며 무심코 말한 인사가 종민이에겐 꽤 기분 좋게 들렸는지 콧구멍이 커지며 입이 헤 벌어져 또 웃었다. 이럴 땐 정말 천사 같은 얼굴이라고 속으로 생각하며 보영이도 따라 웃었다.

교문 밖에 앉아 시위를 하고 있을 때 교실로 들어가는 아이들이 그렇게 멀게만 느껴졌는데 이제 한 교실에 앉아 있으니 비로소 다시 친구가 된 것 같은 기분이 들었다. 보영이는 공부 시간이 어떻게 지나가는지도 모르게 재미있었다.

학교를 마치고 바이올린 과외까지 끝내고 집으로 오는데 엄마가 놀이터 그네에 앉아 있는 것이 보였다. 엄마 혼자 놀이터에서 노는 모습을 보는 건 처음이었다. 보영이는 뒤로 살짝 돌아가 엄마를 놀래 주었다.

"엄마!"

"……."

"안 놀랐어? 에이, 시시해."

오늘따라 엄마는 기운이 없어 보였다. 보영이는 갑자기 걱정이

되기 시작했다.

"무슨 일 있었어?"

보영이가 고개를 갸웃하며 물었다.

"소장 내고 왔어."

"그게 뭔데?"

"저번에 말했잖아. 법원에 내는 거라고. 까마귀 고기를 먹었니? 시청이 혜성학교 설립을 허가해 준 걸 취소해 달라는 소장 말이야."

"그래서 취소해 준대?"

머리를 긁적이며 보영이가 또 물었다.

"아직 모르지. 오래 걸려. 적어도 6개월은 걸릴 거야. 한 달 안에 시청 담당자한테서 답변이 오기로 했는데, 취소가 안 된다고 하면 계속 소송이 진행되겠지."

"이길 것 같아?"

"글쎄, 법이 알아서 판단해 주겠지. 속 시원할 줄 알았는데 어째 기분이 이상하네. 그동안 너무 신경 썼나 봐. 집에 가서 좀 쉬어야겠다."

보영이의 손목을 잡아끄는 엄마의 손에 힘이 하나도 없었다.

3 불꽃놀이 하던 밤

다시 학교에 간 보영이는 그토록 보고 싶었던 시우 얼굴도 마음 껏 보고, 종민이에게도 더 이상 차갑게 대하지 않았다. 졸업하면 어차피 못 보게 될 텐데 그동안 괜히 막 대한 것 같았기 때문이다.

"보영아, 우리 이따 저녁때 중앙공원에 가자. 거기서 불꽃놀이 한대. 시우도 올 거야."

진주가 한껏 들떠서 말했다.

"정말? 엄마한테 물어보고."

"알았어."

집에 오니 엄마가 없었다. 소송 진행 문제로 엄마는 요즘 계속 바쁜 것 같았다. 보영이는 하는 수 없이 쪽지만 간단히 적어 두고 집을 나왔다.

진주와 6시에 만나기로 한 보영이는 서둘러 집을 나섰다. 공원은 걸어서 20분 거리에 있었다.

공원에 도착하니 사람들이 그리 많지 않았다. 저녁 운동을 하는 어른들 몇몇만이 눈에 띄었을 뿐, 불꽃놀이를 준비하는 사람들은 보이지 않았다. 보영이는 진짜 불꽃놀이를 하긴 하는 건지 의심스러웠지만, 공원이 넓으니 어디선가 준비를 하고 있겠거니 생각했다.

그런데 6시 30분이 다 되어 가도록 진주는 나타나지 않았고, 시우도 보이지 않았다. 보영이는 휴대폰이 없는데다 진주도 얼마 전에 휴대폰이 고장 났기 때문에 전화를 할 수도 없었다. 아무리 기다려도 진주가 오지 않자 보영이는 그냥 집에 가기로 결심했다.

그때, 하늘 위로 불꽃이 한차례 튀어 올라 보랏빛, 파란빛, 주황빛을 뿌리며 멋지게 흩어지는 것이 보였다. 이제 겨우 불꽃놀이가 시작된 모양이었다. 하긴 아직 어둠이 짙어지지 않았으니 보영이가 너무 일찍 온 것 같기는 했다.

점점 어두워지는 공원에서 보영이는 아름다운 불꽃들에 눈이 팔려 시간 가는 줄을 몰랐다. 보영이가 이리저리 걸어 다니는 바람에 진주가 뒤늦게 왔다 해도 만나기가 쉽지 않았을 것이다. 사람들도 점점 많이 몰려들었다. 얼핏 시우를 본 것 같아 그쪽으로 따라가 봤지만 사람들이 하도 많아 놓쳐 버렸다.

한참을 구경하다 보니 보영이는 슬슬 배가 고팠다. 주머니에 손을 넣어 보니 2천 원이 있어서 매점에 가 빵과 우유를 사 먹으며 계속 불꽃놀이를 구경했다. 그러다 문득 시계를 보니 아홉 시가 다 돼 가고 있었다.

보영이는 깜짝 놀랐다. 사방을 두리번거려 보니 연인 사이로 보이는 어른들만 잔뜩 있고 자신과 같은 어린애들은 모두 부모님과 함께 있었다. 보영이는 그제야 아차 싶어서 집을 향해 뛰기 시작했다.

공원에서 벗어나자 길가에는 걸어 다니는 사람들이 거의 없었다. 특히 공원 반대 방향으로 걷는 사람들은 한 명도 보이지 않았다. 가로등과 나무 그림자만 줄줄이 이어지자 무서운 느낌이 들었다. 공포 영화에 나오는 것처럼 혼자 남겨진 게 영 불안했다.

버스를 탈까 했지만 돈이 없었다. 뒤에서 누군가 쫓아오는 것 같아 보영이는 점점 걸음을 빨리했다. 찻길을 세 번 건너자 동네가 보이고, 조금만 더 가면 아파트였다. 그런데 그 순간이었다.

"어디 가니?"

굵직한 남자 목소리였다. 뒤를 돌아보니 나무 밑에 어떤 아저씨가 술에 취한 듯 주저앉아 있었다. 어두워서 얼굴은 잘 안 보였지만 수염이 덥수룩하고 지저분했다. 마치 텔레비전에서 보던 노숙자 같았다.

보영이는 순간적으로 몸이 얼어붙었다. 도망가면 되는데 뭐라고 대답을 해야 할 것만 같아서 그 자리에 멈춰 섰다.

"집에 가는데요."

"잠깐 나 좀 도와줄래? 나 좀 일으켜 주겠니?"

힘없는 어린이에게 그런 부탁을 하다니. 하지만 도와주지 않으면 더 무섭게 따라올 것 같아서 보영이는 아저씨의 팔을 붙잡고 부축했다.

아저씨는 보영이와 같은 방향으로 간다고 했다. 10분쯤 걸었을까? 어느새 종민이네 집 근처까지 왔다. 아저씨는 술 냄새를 풍기면서 보영이에게 자꾸만 기대어 왔다. 보영이 이마에는 땀이 흥건

하게 고여 있었다.

종민이 집으로 들어가는 골목 입구에 다다르자 아저씨는 계속 골목 안으로 들어가려 했다. 하지만 보영이는 아저씨를 뿌리치며 말했다.

"여기서부터는 방향이 달라요. 안녕히 가세요."

그러자 갑자기 아저씨가 혼자 힘으로 우뚝 서는가 싶더니, 보영이의 팔을 낚아채 골목 안으로 끌어당겼다.

"아저씨 유괴범이에요? 왜 그러세요?"

보영이는 용기를 내어 이렇게 말했지만 지나가는 사람이 없어 아무도 듣지 못했다. 아저씨가 보영이의 입을 틀어막고 어두운 골목 안으로 점점 더 깊이 끌고 들어갔다. 그러고는 전봇대 밑에 보영이를 주저앉혔다. 넘어지면서 보영이는 머리가 돌에 부딪혀 정신이 아득해졌다.

"아저씨, 제발 이러지 마세요!"

보영이는 떨리는 목소리로 아까보다 더 크게 소리쳤다. 저 멀리서 누군가의 발소리가 들려왔다. 아저씨는 보영이가 몸을 이리저리 비틀자 보영이의 배를 주먹으로 힘껏 내리쳤다.

"윽!"

보영이는 너무 아파서 더 이상 말이 나오지 않았다. 그때였다.

"휘리리리리릭!"

호루라기 소리였다.

"경찰이다! 저리 비켜요!"

보영이가 있는 힘을 다해 밀치며 소리치자 아저씨가 허둥지둥 도망갔다. 골목이 아니라 큰길 쪽으로 뛰어가는 것이, 이 동네 사람이 아닌 듯했다.

보영이는 일어날 힘도 없었다. 뉴스에서나 보던 일이 자신에게 일어난 것이 기가 막히고 억울했다. 갑자기 눈물이 쏟아졌다. 아저씨가 다시 오기 전에 일어서려는 보영이 앞에 그림자 하나가 나타났다. 또다시 공포에 젖어 눈물을 훔치다 말고 위를 올려다보니 호루라기를 입에 문 채로 종민이가 서 있었다.

토크빌의 민주주의

토크빌은 자유와 평등이 보장될 때 민주주의 국가가 실현될 수 있다고 생각했어요. 그리고 민주주의 국가는 최대한 많은 국민들의 복지를 목표로 하고, 국민들의 물질적 번영과 행복을 최우선으로 해야 한다고 생각했지요. 특히 평등을 현대사회의 두드러진 특징이자 신의 섭리라고 보았어요. 그러나 평등을 강조하다 보면 자유를 침해당할 위험이 커지겠지요? 그래서 현대사회는 지나친 평등의 강조로 오히려 민주주의를 후퇴시키는 부작용이 생길 수도 있답니다.

앞에서 자유와 평등이 조화를 이루어야 한다는 것에 대해 잠깐 언급했었지만, 여기에서 보다 자세히 알아볼까요.

평등을 위해서 자유를 제한하거나 평등만을 강조하다 보면, 국가권력이 중앙에 집중되고 전제주의가 되어 결국 민주주의를 위협하게됩니다. 민주주의는 주권이 국민에게 있지만, 전제주의는 지도자 한사람(이를테면 대통령이나 왕)이 가지고 있어서 마음대로 정치를 하는

거지요. 평등은 차이와 차별을 줄이는 것인데, 평등 정책을 국가가 주도적으로 실시하다 보면 국가가 권력을 독점하고 강압적인 모습을 보일 수 있습니다. 이런 것을 '민주적 전제' 라고 해요.

그런데 미국에서는 평등이 이와 같은 부정적인 결과를 가져오지 않았어요. 토크빌의 조국인 프랑스에서는 평등이 진전되면서 자유를 발전시키지 못했는데, 미국은 그 위험성을 극복했던 것이지요. 바로 다음과 같은 점 때문이었어요.

첫째, 지방자치제도를 들 수 있어요. 지방자치단체를 통해 미국 국민들은 서로 협력하고 토론할 수 있는 기회를 가질 수 있었어요. 중앙정부에서 모든 것을 결정해서 명령을 내리면 주민들은 수동적인 존재밖에 되지 않지만, 지방자치제도는 지역 주민들의 자발적인 참여를 통해 정책 결정에 관여하기 때문에 '국민에 의한 정치', 민주주의가 꽃필 수 있었던 것입니다.

둘째, 배심원 제도를 들 수 있어요. 우리나라는 판사가 피고인의 유·무죄를 판단하지만, 미국의 배심원 제도는 국민들을 배심원으로 불러서 재판에 함께 참여하도록 합니다. 그래서 피고인과 원고인 양측 모두의 변호를 듣고 난 다음에, 배심원이 피고인의 유·무죄 여부를 판단합니다. 판사는 형량을 결정할 따름이지요.

셋째, 자발적 결사체의 발전을 들 수 있어요. 자발적 결사체란 국가로부터 간섭을 받지 않는 시민들의 자발적인 조직이에요. 이 조직은 국가권력을 견제할 수 있고, 자유와 평등의 조화인 민주주의를 실현할 수 있는 기초입니다.

　마지막으로 종교와 교육을 통한 이기심과 개인주의의 극복을 들 수 있어요. 미국의 기독교 전통은 이기적이고 반공동체적인 정신을 억제하고, 관용과 배려, 박애와 자선 같은 공동체적인 정신을 함양하였어요.

　이러한 미국의 민주주의를 발전시킨 공간이 바로 다음에 이야기할 시민사회입니다.

시민사회

　우리는 앞에서 민주주의적 공동체가 무엇인지 살펴보았어요. 그리고 공동체가 내부적으로는 민주적일지라도, 다른 공동체에 대해서는 비민주적일 수 있다는 것도 코숭이 마을 반상회를 통해서 알게 되었지요. 이야기 속에서 코숭이 마을 반상회는 '집단 이기주의'에 빠진 모습을 보이고 있어요. 자기 공동체만을 생각하기 때문에 그런 이기주의에 빠지게 된 것입니다.

　이렇게 다수의 공동체들이 모인 공간을 우리는 '시민사회'라고 부릅니다. 국민 개인은 시민사회를 통해서 다른 개인들과 연합, 단결하

여 국가에 영향력을 행사합니다. 시민운동 단체, 이익집단, 압력단체, 비영리 민간단체, 비정부기구 등이 시민사회를 구성하는 공동체입니다. 이러한 공동체에 대해 하나하나 예를 들어 가며 살펴보기로 할까요?

먼저, 시민운동 단체는 시민운동을 조직적으로 하는 집단을 뜻해요. 시민이 하는 정치, 사회운동을 시민운동이라고 하는데, 주로 권력을 감시하는 필수적인 기능을 담당하고 있습니다. 그래서 특정인들의 이익이 아니라 사회의 공익을 위해서 결성된 단체들입니다. 대표적인 단체로 '참여 연대'가 있는데, 신문이나 방송에서 많이 들어 본 이름이죠? 그 밖에 '경실련', '인간성 회복 운동 추진 협의회', '정치 개혁 시민 연대' 등 많은 단체들이 결성되어 활동하고 있답니다.

반면, 이익집단은 '변호사 협회', '의사·약사 협의회', '부동산 협회', '노동조합' 등 자신들만의 특수한 이익을 위해 모인 집단이에요. '동창회'나 '사내 모임', 코숭이 마을 민주 아파트의 '반상회' 같은 경우도 이익집단에 속합니다. 이익집단은 자기 집단의 이익을 위해 정부에 압력을 행사하기도 하는데, 그렇게 될 때 우리는 그 이익집단을 압력단체라고도 부릅니다. '변호사 협회', '의사·약사 협의회', '노동조합'은 현대사회에서 가장 대표적인 압력단체들이에요. 민주 아파트의 반상회도 혜성학교의 설립을 반대하기 위해 소송을 준비하죠? 또 시청 앞에서 주민들이 모여 단식투쟁을 하는 모습이 나오는데, 그러한 과정이 바로 정부에 압력을 행사하는 예랍니다.

마지막으로 NPO라고 하는 비영리 민간단체, NGO라고 하는 비정부기구에 대해 알아볼까요?

NPO는 영리를 목적으로 하지 않고 공익을 위해 설립된 단체를 말합니다. 제일 처음 살펴본 시민단체도 이 NPO에 속해요. 그 밖에 사회복지 사업, 교육 사업, 종교 사업, 자선 사업 등이 있습니다. 대학이나 교회, YMCA, 녹십자 같은 단체라고 하면 이해하겠죠? 또 우리 사회에 큰 도움이 되는 손길인 자원 봉사도 NPO 활동 중의 하나랍니다.

NGO는 UN이라고 하는 국제연합에 여론을 반영하기 위해 만들어진 각국의 민간단체를 가리키는 말이에요. NGO 본부는 미국 뉴욕에 있는데, 전 세계적으로 등록된 NGO가 1,600여 개에 달해요. 특히 현대사회의 환경이나 인권 문제 등은 한 국가의 문제가 아니라 전 세계의 문제로 확대되고 있기 때문에, 갈수록 NGO 활동의 중요성이 커지고 있어요. 그래서 NGO에서는 환경, 인권, 빈곤 추방, 부패 방지 관련 활동을 전 세계적으로 전개하고 있고, UN 총회에서 결의한 내용에 대해 자문을 하고 프로그램을 제작하는 일을 하고 있답니다.

이 모든 공동체, 즉 집단이 모여서 활동하는 공간을 우리는 '시민사회'라고 부릅니다.

공동의 이익을 위하여

 다수의 지배를 주장하는 민주주의가 도덕적, 문화적 획일주의와
'부드러운 전제정치(soft despotism)'를 낳을 수 있다.

－토크빌

1 삼총사 탄생

"고마워."

보영이가 이렇게 말하자 종민이는 호루라기를 문 입술을 파르르 떨었다. 그러고는 보영이 앞에 풀썩 주저앉았다. 이제 안심해도 될 터인데 계속해서 몸을 떠는 것을 보니 보영이보다 더 긴장했던 모양이다.

"호루라기 한 번 불고 나가떨어진 거니?"

보영이는 어이없어 웃으며 놀려 주고는 하는 수 없이 종민이를 부축해 바래다주고 집으로 돌아왔다.

놀리기는 했지만 보영이는 종민이가 너무 듬직하고 고마웠다. 아픈 몸으로도 친구를 위해 용기를 내어 준 모습이 대단하다는 생각이 들었다.

"어머! 너 이게 무슨 꼴이니?"

엄마는 보영이를 보자마자 기겁을 했다. 그도 그럴 것이, 옷에 흙이 잔뜩 묻어 있고 치마는 흐트러져 있는데다 머리 모양새도 헝클어져 있었던 것이다. 보영이는 아까 일이 떠올라 엄마 품에 쓰러지듯 안겼다. 그리고 다시 눈물을 쏟아 내기 시작했다.

"진주한테 아까 전화 왔어. 공원에서 만나기로 했었다며? 갑자기 손님이 와서 못 나간다고 하던데, 넌 여태 기다리다 온 거야?"

"엄마……."

"그래, 우리 딸. 이게 무슨 꼴이니? 누가 이랬어?"

한참 울고 난 보영이는 차근차근 아까 일을 설명했다.

"세상에! 그런 못된 인간이 우리 동네에 있었단 말이니?"

엄마는 치를 떨며 보영이를 안고 같이 울었다. 이야기를 다 듣고 난 아빠는 울화가 치미는지 겉옷을 입고 나섰다. 경찰서에 신고하러 간다고 했다.

"종민이란 애가 누구야? 너네 반이야?"

엄마가 마음을 가라앉힌 뒤 보영이에게 물었다.

"응, 내 짝꿍."

"언제 짝 바꿨어? 진주였잖아. 아무튼 그 애가 참 씩씩하고 용감한가 보구나. 어떤 애니? 힘도 세?"

"아니. 소아마비 앓는 친구야."

"뭐?"

엄마의 얼굴이 굳어졌다.

"미안해. 미리 말 안 해서…… 그런데 좋은 애야. 공부도 잘해. 짝 바꿀 때 다 됐으니까 엄마 제발 학교 찾아오지 마. 응?"

안 그래도 커다래진 엄마의 눈에 사르르 눈물이 차올랐다. 아까와는 다른 눈물 같았다. 분노의 눈물이 아닌 감동의 눈물이라고나 할까?

"엄마가 뭘…… 아니, 그런데 소아마비까지 있는 아이가 우리 보영이를 구해 준 거야? 대단하구나. 정말 고맙고……."

"응, 나도 예전에는 좀 무시했었는데 너무 미안한 거 있지. 이제 종민이는 내 은인이야, 엄마. 그렇지?"

"그래, 앞으로 그 은혜 꼭 갚으렴."

엄마가 보영이를 다독여 주며 활짝 웃었다.

보영이는 엄마가 종민이를 싫어할까 봐 걱정했는데 잘해 주라고 말하자 마음이 한결 가벼워졌다. 하긴 딸의 은인을 어떤 엄마가 감히 싫어할 수 있으랴.

잠자리에 들기 전 보영이는 비밀 일기장을 펼쳤다. 이건 학교에 내는 일기장이 아니라 보영이 혼자만의 일기장이었다. 이사한 뒤로는 몇 번 쓰지 않았는데, 오늘은 쓸 말이 많았다. 종민이에 대한 이야기가 잔뜩 있었기 때문이다.

다음 날, 보영이는 아침 일찍 집을 나섰다. 그리고 종민이네 집 앞에서 종민이를 기다렸다. 10분쯤 지나자 종민이가 대문으로 삐죽 고개를 내밀며 나왔다.

"잘 잤냐?"

보영이가 터프하게 인사했다.

"어? 언제…… 왔어? 나…… 기다린 거야? 넌 잘…… 잤어?"

종민이가 쑥스럽게 되물었다.

"나야 네 덕분에 아주 잘 잤지."

보영이가 기다란 막대 사탕 하나를 종민이에게 건넸다. 그것을 받아 들고 종민이는 무슨 할 말이 있는지 머뭇거리다가 입을 열었다.

"저기…… 어제 일…… 아무한테도 말 안 할게."

종민이는 마치 밤새도록 고민한 것처럼 뜸을 들여 말했다.

"왜? 난 괜찮아. 네가 날 위해서 훌륭한 일을 했는데, 다 자랑해야지. 내가 다 소문낼 거야. 하하."

"그래도…… 괜히 애들이…… 안 좋게 생각할까 봐……."

"뭘? 내가 그 아저씨한테 당할 뻔했던 거? 내 잘못도 아닌데 내가 왜 숨겨? 난 당당해. 그리고 네가 날 도와준 건 정말 칭찬받을 일이잖아. 고마워. 잊지 않을게."

보영이는 학교에 도착하자마자 선생님에게 어제 일을 알렸다. 선생님은 종민이를 칭찬해 주고, 그 일을 떳떳이 알린 보영이도 칭찬해 주었다. 그랬더니 아이들도 모두 종민이에게 박수를 보냈다. 하루아침에 종민이는 스타가 되었다.

진주가 다가와 눈가를 훔치며 말했다.

"미안해, 보영아. 어제 내가 공원에만 갔었어도……."

"괜찮아. 내가 일찍 나가는 바람에 네 전화를 못 받은 건데, 뭐."

보영이가 어깨를 으쓱하며 대답했다.

"종민아, 너 정말 용감했어."

웬일로 진주가 종민이에게도 다정히 말을 건넸다. 그러자 종민이가 오랜만에 활짝 웃어 보였다.

보영이와 진주는 하굣길에 종민이를 끼워 주었다. 느릿느릿한 종민이의 걸음에 맞추어 종알대며 느긋하게 집까지 걸어왔다. 종민이도 알고 보니 말이 참 많은 아이였다. 종민이가 엄마와 함께 단둘이 살고 있다는 것도 처음 알게 되었다. 다른 때 같았으면 그것이 또 놀림감이 되었겠지만, 진주와 보영이는 더 이상 종민이를 왕따로 여기지 않았다. 그저 친구로 생각할 따름이었다. 셋은 어느새 남부럽지 않은 삼총사가 되어 있었다.

2 소송, 없었던 일로

종민이를 먼저 데려다 주고 진주와 보영이는 민주 아파트로 왔다. 오늘은 진주네 집에 손님이 와서 같이 놀 수 없다고 했다.

집 앞에서 초인종을 눌러도 대답이 없자 보영이는 가방에서 열쇠를 찾아 문을 열고 들어갔다. 그런데 거실에 엄마가 떡하니 버티고 앉아 있었다. 뭔가 심각하게 고민하는 모습이었다. 지난번 놀이터 그네에 앉아 있을 때와 비슷한 분위기였다.

"엄마, 왜 그러고 있어?"

"언제 왔니?"

"금방. 그런데 어디 가?"

엄마는 외출 준비를 다 하고 앉아 있었다.

"응, 보영아. 엄마랑 같이 나갈래?"

"어딜?"

"가 보면 알아."

엄마는 대답도 해 주지 않고 보영이 손을 꼭 잡은 채 서둘러 집을 나섰다.

보영이가 얼떨결에 따라간 곳은 지난번에 엄마와 가 보았던 약국 위층 사무실이었다. 보영이를 보자 어른들이 너도나도 먼저 인사를 건넸다. 머리를 쓰다듬어 주고 등을 토닥토닥 두드려 주었다. 보영이의 안부를 유난히 챙기는 것이 아마도 그날의 일을 다 알고 있는 듯했다. 부끄러울 것은 없었지만, 조금 민망하긴 했다.

소송을 시작한 뒤 엄마는 정기적으로 이 모임에 나왔는데, 오늘은 엄마가 일부러 모임을 소집했다고 한다. 어느 정도 사람들이 모이자 엄마가 먼저 입을 열었다.

"여러분, 이렇게 나와 주셔서 감사드려요. 저는 보영이 엄마예요. 오늘 모이자고 한 것은 다름이 아니라, 여러분도 아시다시피 우리 보영이가 며칠 전 큰일을 당할 뻔했다가 같은 반 친구의 도움으로 위기에서 빠져나온 일이 있습니다. 그 친구는 바로 보영이의 짝꿍 종민이라는 앤데, 소아마비로 몸이 불편한 아이예요. 저는 솔직히 그 애가 우리 애 짝인 줄도 모르고 있었지요. 평소에 보영이와 다른 아이들이 거의 상대도 해 주지 않고 따돌렸던 모양인데, 그 애가 우리 보영이를 위해 기꺼이 용기를 발휘해 주었어요. 그 아이가 얼마나 대견하던지…… 그래서 이번 일을 계기로 저는 생각을 바꿨습니다. 이번 소송을 취하하고 싶어요. 여러분 생각은 어떠신가요?"

순간 주변이 술렁거리기 시작했다. 누군가 냅다 소리를 지르고 엄마에게 덤빌 것만 같아 보영이는 불안했다. 지난번 약국 앞에서 아저씨들이 싸우던 모습이 눈앞에 선했기 때문이다. 그런데 잠시 아무 말이 없던 어른들은 하나 둘 고개를 끄덕이기 시작했고, 싸울 기세로 덤비려는 사람은 하나도 없었다.

"저도 얘기 들었어요. 장애를 가진 아이가 보영이를 구해 줄 거라고 누가 상상이나 했겠어요? 장애인은 늘 약자이고, 아무것도 할 수 없는 사람이라는 우리 인식이 얼마나 잘못된 것인지……."

"그래요. 그렇게 맑고 순수한 사람들을 보고 손가락질한 우리가

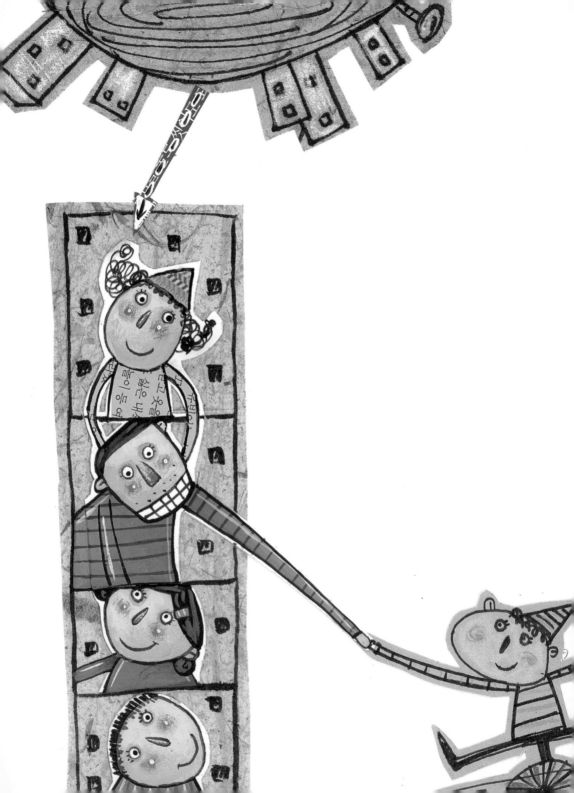

바로 진짜 장애인이지요. 몸의 장애보다 마음의 장애가 더 심각한 겁니다. 인간은 누구나 평등과 자유를 누릴 권리가 있는 건데…… 그동안 우리가 너무 이기적이었어요."

"그렇게 합시다! 사실은 저도 이번 소송을 준비하면서 마음이 많이 무거웠어요. 끝까지 우리 신념을 고집하는 것이 과연 옳은 일인지 의문도 생겼고요. 우리가 너무 어른스럽지 못했던 것 같네요."

"맞아요. 아이들이 우리보다 낫네요. 등교 거부도 사실 아이들은 원하지 않았던 건데 우리가 억지로 시켰잖아요. 아이들이 진짜로 원하는 게 뭔지 우리는 몰랐던 거예요."

"이제야 우리 모두의 이익, 공동의 이익을 위한 것이 무엇인지

알게 됐어요. 사회적인 약자를 돌보는 것이 우리 모두가 할 일인 것 같아요. 어느 개인이나 한 가족, 한 지역 주민들만을 위한 것은 공동의 이익이 아니지요. 우리가 그동안 생각이 짧았어요."

"장애인들이 항상 우리의 도움을 필요로만 하는 사람들은 아닌가 봐요. 오히려 우리가 도움받을 때도 있다는 걸 왜 몰랐을까요? 혜성학교가 들어오면 무조건 피해를 입을 거라고만 생각했던 게 부끄럽네요."

여러 사람들이 순서도 없이 이렇게 의견을 모았다. 그러자 보영이 엄마가 눈물을 글썽이며 말을 이었다.

"고맙습니다. 이번 일로 우리가 진짜 어른스러운 모습을 보여 줄 수 있을 것 같네요. 그럼 내일 다시 모여서 소송을 취하하러 가는 게 어떨까요? 아이들도 데리고 말이에요. 하하."

"그럼 좋죠. 우리 아이들에게 떳떳한 모습, 자랑스러운 모습을 보여 줍시다."

약국 아줌마가 벌떡 일어나 마무리를 지었다.

마음이 뿌듯해진 보영이는 저도 모르게 박수를 쳤다. 그러자 어른들도 다 같이 박수를 쳤다.

다음 날, 소송 취하를 자축하는 코숭이 마을 잔치가 있었다. 반상회 때처럼 마을 주민들이 잔뜩 모여들었고, 특히 이번에는 동네 아이들도 많이 참석했다. 보영이, 진주, 종민이 삼총사와 시우를 비롯한 학교 친구들이 다 모였다. 그래서인지 아이들을 위한 맛있는 음식들도 한 상 가득 차려졌다.

이 자리에서 종민이는 어른들이 마련한 특별상과 선물을 받았다. 보영이 엄마도 종민이에게 가볍고 산뜻한 새 가방을 하나 선물했다. 아이들이 모두 종민이를 우러러보았다. 평소엔 장난을 잘 안 치던 종민이도 손가락으로 브이 자를 그려 대며 까불었다. 보영이, 진주와 어울려 다니면서 장난도 치고 농담도 할 줄 아는 멋있는 모범생이 된 것이다.

"혜성학교에서도 나중에 종민이한테 상 줘야겠네. 이게 다 종민이 덕분이니까. 하하."

3 혜성학교의 자원 봉사자들

"나도 이 학교에…… 다니고 싶다! 한 살만…… 어렸더라
면……."

종민이가 교문 안에 들어서자마자 한숨을 내쉬며 말했다.

"야, 넌 중학생 된 지가 언젠데 다시 초등학생이 되고 싶냐?
헤헤."

보영이는 종민이의 뒤통수를 한 대 때리고 달아났다. 이럴 때는
종민이를 절대 봐주지 않는다. 종민이가 비틀비틀 보영이를 쫓아

갔다.

"메롱!"

"너 거기…… 안 서?"

뒤에 오던 진주와 시우가 배를 움켜잡고 웃었다.

오늘은 혜성학교가 드디어 문을 연 날이다. 기념식이 있어서 코숭이 마을 주민들 대부분이 학교에 찾아갔다. 기념식에는 시장님을 비롯해 여러 공무원들, 학교 관계자들, 그리고 방송국 취재기자들도 찾아왔다.

아이들이 기자 뒤에서 브이 자를 그리고 만세도 부르며 텔레비전 화면에 나오려고 안간힘을 썼다. 어른들도 들떠 있기는 마찬가지였다.

보영이와 아이들은 기념식이 끝난 뒤에도 학교 구석구석을 돌아다니며 구경도 하고 장난도 치고 놀았다.

예정대로 혜성학교는 코숭이 마을 한복판에 멋들어지게 세워졌다. 규모도 엄청나게 크고 시설도 좋았다. 과연 우리나라 최고의 규모라 할 만했다.

혜성학교가 원래의 계획보다도 훨씬 더 크고 아름답게 지어진 이유는 코숭이 마을 사람들이 서로 기부 운동에 앞장섰기 때문이다. 보영이 엄마도 부동산 투자로 장만했던 낡은 집을 되팔아 그 일부를 기부금으로 냈다. 물론 이 모든 일들은 통합 반상회에서 주도했다. 잠시 그 본질을 잃었던 코숭이 마을 공동체는 다시 순수하고 이타적인 목적을 갖는 성숙한 모임으로 되돌아왔다. 형식적으로 남을 돕는 것이 아니라 마음에서 우러나오는 진심으로 이웃을 돕게 된 것이다.

이제 코숭이 마을 사람들은 바자회를 자주 하지 않는다. 물건을 팔아 수익금을 만들어 물질적으로 돕는 것도 좋지만 직접 찾아가 몸으로 부딪히고 함께 어울리며 봉사 활동하는 것을 더 소중히 여기게 되었기 때문이다.

혜성학교가 세워진 뒤에 가장 크게 달라진 점은 아이 어른 할 것 없이 시간이 날 때마다 혜성학교를 방문하여 자원 봉사를 하게 되었다는 점이다. 보영이도 진주와 종민이, 시우와 한 팀을 이루어 한 달에 두 번씩 청소를 하러 갔다. 물론 청소보다는 혜성학교 아이들과 놀아 주는 일이 더 재미있었다. 그 속에서 함께 놀면 종민이도 혜성학교 아이들도 평범한 친구로, 평범한 동생으로 보였다.

혜성학교는 장애아를 위한 학교만이 아닌, 이 마을의 문화 공간

으로 자리 잡았다. 미술 전시회나 음악회 장소로 활용되었을 뿐
아니라 종종 반상회 장소로도 이용되었다. 그래서 어느새 일반인
이 꺼리는 장소가 아니라 일부러 더 찾아가는 공간이 되었다. 보
영이도 혜성학교에서 열리는 반상회에는 무슨 일이 있어도 다 제
쳐 두고 참석했다.

혜성학교는 코숭이 마을의 즐거운 놀이터가 되어 가고 있었다.

미국의 종교적 전통과 민주주의

종교는 미국인들이 공동체와 사회에 참여하는 중요한 방법 가운데 하나였어요. 미국인들은 교회와 종교 관련 단체에 많은 시간과 돈을 바쳤는데, 그것은 다른 단체에 쓰이는 돈보다 훨씬 많았답니다. 미국에서 종교는 공공 영역에서 중요한 역할을 수행합니다. 앞에서 배운 뉴잉글랜드는 미국 북동부 지역인데, 메인, 뉴햄프셔, 매사추세츠, 코네티컷, 로드아일랜드, 버몬트의 6개 주에 걸친 지역이에요. 뉴잉글랜드는 식민지 시대에 특히 기독교인의 역할이 매우 중요했답니다. 성직자의 선출은 온 마을의 관심사였는데, 선출된 성직자들은 곧 공무원이 되었어요. 목사님들이 매년 선거일에 설교를 했고, 성직자들은 사회 공동체의 가치와 근본 원리를 규정하였답니다. 이렇게 종교가 개인의 성격과 행동에 큰 영향을 주었지요.

물론 종교가 정치에 직접 간섭하지는 않았어요. 대신 민주주의를 꽃피우도록 지원하는 역할을 했답니다. 특히 종교는 이기주의를 타인에 대한 배려로 바꿨어요. 돈에 집착하는 것을 조절하며 도덕의 기준을 제시하고, 이기주의·개인주의와 대조되는 자비심과 희생을 표현했습니다. 그래서 미국의 종교 단체들은 성경과 소책자를 보급하고, 국내외에서 선교 사업을 수행하였어요. 또 노예제도 폐지를 위해 투쟁하였답니다.

자발적 결사체와 민주주의

토크빌은 미국을 관찰하면서 뉴잉글랜드 지역의 타운 제도가 매우 완벽한 모습을 갖추고 있음을 목격하였어요. 타운에서는 대의제도도 없었고 자치협의회도 없었지만, 주민들은 관리들을 선출하고 일상적인 법 집행을 넘어서는 모든 일을 수행했어요.

"뉴잉글랜드 주민들은 타운이 자주적이고 자유롭기 때문에 그것에 애착을 갖는다. 주민들은 타운의 업무에 협조를 하고, 타운은 주민들에게 복지를 베풀어 준다. 이 복지는 주민들이 쏟을 노력과 야망의 표적이기도 한 것이다. 그들은 마을에서 일어나는 모든 일에 참가한다. 자기 손이 닿을 수 있는 작은 영역 안에서 정부의 일을 실천한다. 이런 과정에서 주민들은 질서를 존중하는 태도를 얻고, 자기의 의무와 권리에 대해 분명하게 깨닫게 된다."

토크빌이 타운 제도에 대해 한 말이에요. 코숭이 마을 민주 아파트

의 자발적 결사체인 반상회와 비슷하지요? 주민들은 반상회를 통해 마을을 보다 살기 좋은 곳으로 만들려고 노력하잖아요.

　이처럼 결사체 활동을 통해서 시민들은 서로를 대등하게 대하고, 또 신뢰하며, 사회의 이익을 위해 협조하는 태도를 배웁니다. 물론 자신이 속한 공동체의 이익만을 생각하고 다른 공동체를 배려하지 못한다면 코숭이 마을 이야기에서처럼 집단 이기주의로 빠지게 되겠죠. 그러나 전체 사회의 이익을 위해 서로 협조한다면, 국가는 이러한 결사체들 덕택에 정책을 결정하고 집행할 때 소요되는 비용과 노력을 줄일 수 있을 것입니다. 시민들이 자발적으로 참여하는 결사체 활동은 건강한 민주주의를 만듭니다. 미국이 유럽에 비해서 일찍 민주주의를 발전시킬 수 있었던 원인은 이렇듯 다양한 자발적인 결사체의 발전에 있었던 것입니다.

　토크빌은 과학자 협회, 문학 단체, 학교, 출판사, 기업 등과 같은 자발적인 시민 결사체들이 국가권력의 집중을 막고 민주주의를 더욱 단단하게 뿌리내리게 한다고 생각했어요. 시민 결사체 조직을 발전시켜서 국가에 대한 시민의 통제와 영향력을 유지시킬 때 민주주의가 강화될 수 있다는 말이지요.

　토크빌이 본 미국인들은 연령에 상관없이 어떤 상황이든 항상 결사체를 조직하고 있었어요. 상업 단체, 산업 단체, 종교 단체, 도덕 단체 등 중요한 것에서부터 하찮은 것에 이르기까지 모든 결사체를 조직했어요. 거기엔 거대한 단체도 있지만 아주 작은 단체도 있었지요. 이 결사체 안에서 회원들은 협동의 습관을 기르고, 공동의 이익을 생각하는 정신을 길렀어요. 결국 생각이 새로워지고, 가슴이 넓어지고, 이해가 커지는 결과를 만들어 냈죠. 생각해 보세요. 이런 정신이 온 사회로 확대된다면 얼마나 신뢰와 협동이 가득한 사회가 되겠어요? 이런 사회에서 민주주의가 활짝 꽃피는 것이라고 토크빌은 생각했답니다.

코숭이 마을 민주 아파트 주민들은 집단 이기주의에 빠져서 잘못된 방향으로 갈 뻔했지만, 결국 또 다른 공동체를 이해하는 마음을 갖게 되었어요.

이기주의는 사회 전체의 이익을 갉아먹을 뿐 아니라, 신뢰와 협동이 가득한 민주주의 사회가 되는 것을 막습니다. '나'아닌 '너'에 대한 배려, '나의 집단'이 아닌 '너의 집단'에 대해 배려하는 정신이 우리 마음에 자리 잡을 때, 우리 사회는 자유와 평등이 조화를 이루고, 국민이 주인이 되는 민주주의 사회가 될 수 있답니다.

에필로그

2007년 12월 8일 토요일, 날씨: 첫눈.

오늘은 첫눈도 오고 쉬는 토요일이라서 기분이 잔뜩 들떴다. 그래서 아침 일찍 시우, 종민이, 진주를 만나 혜성학교에 다녀왔다.

우리는 혜성학교 운동장에 들어서자마자 하얗게 쌓인 눈밭으로 달려갔다. 아직 눈을 밟은 자국이 거의 없어서 깨끗하고 고운 눈밭 위에서 시간 가는 줄 모르고 눈싸움을 하며 실컷 놀았다. 종민이도 폴짝거리며 잘도 뛰어다녔다. 나는 일부러 종민이에게 눈을 집중적으로 던졌다. 다리가 조금 불편하다고 봐줄 수는 없지 않은가. 헤헤.

선생님이 우리를 불러 이제 그만 들어오라고 하셨다. 그때서야 우리는 헐레벌떡 학교 안으로 들어갔다.

그동안에는 만날 청소만 했었는데 오늘은 혜성학교 아이들과 어울려 놀기도 하고, 같이 빨래도 하라고 선생님이 말씀하셨다.

우리는 먼저 빨래부터 하고 놀기로 했다. 내가 나서서 세탁기에 빨랫감을 집어넣었다. 그런데 너무 많은 빨래를 돌려서 하마터면 세탁기가 터질 뻔했다. 하도 소리가 나고 움직임이 이상해서 전원을 끄고 문을 열어 보니 빨래가 너무 꽉 차 있었던 것이다.

"우리 집도 옛날에 이렇게 많이 넣었다가 안쪽 통 아랫부분이 부러진 적 있어."

종민이가 빨래 몇 가지를 도로 빼고 나자 세탁기가 다시 괜찮아졌다.

역시 종민이는 머리가 좋단 말이야.

나는 집에서 집안일을 하나도 안 하는데, 종민이는 요즘 빨래랑 설거지도 한다고 했다. 제법 의젓한 모습이다. 이제 시우 못지않게 늠름하고 멋진 중학생으로 보였다.

참, 나는 아직도 시우에게 좋아한단 말을 하지 못했다. 하지만 언젠가는 꼭 말하고 말 것이다.

혜성학교에서 보니 초등학교에 다닐 때처럼 종민이가 더 이상 특별한 아이로 보이지 않았다. 다양한 사람들이 한데 어울려 살아가는 곳, 이게 바로 사람 사는 세상인가 보다.

통합형 논술
활용노트

01 학급 회의 시간에 혜성학교 설립에 관한 의견을 나눌 때 선생님이 칠판에 쓰신 'NIMBY'는 무슨 뜻이었나요? 생각나는 대로 적어 보세요.

02 여러분이 생각하는 진정한 민주주의는 무엇인가요? 책을 잘 읽어 본 후에 적어 보세요.

03 토크빌은 민주주의를 가능하게 하는 사회 문화적인 기반을 시민사회라고 하였습니다. 시민사회란 무엇인가요? 생각나는 대로 적어보세요.

04 인간은 누구나 평등과 자유를 누릴 권리가 있습니다. 여러분은 평등과 자유 중 무엇이 더 중요하다고 생각하나요? 여러분의 생각을 자유롭게 적어 보세요.

05 토크빌은 독재를 초래하는 원인이 개인주의, 획일주의, 그리고 다수의 지배 원리 등이라고 보았습니다. 이에 대한 여러분의 생각을 자유롭게 적어 보세요.

통합형 논술
문제풀이

01 님비(NIMBY)는 'Not In My Back Yard'의 줄임말로, '내 뒷마당에서는 안 된다'는 이기주의적 의미로 통용되기 시작한 유해 시설 설치를 기피하는 현상을 말합니다. 또 늘어나는 범죄자, 마약중독자, AIDS 환자, 산업폐기물, 핵폐기물 등 각종 사회 병폐를 수용하거나 처리할 시설물을 설치하려 할 때마다 해당 지역 주민들이 거센 반발을 보이는 것을 말하기도 합니다.

이 말은 미국에서 처음으로 사용되기 시작했고, 국가 전체적으로는 마약 퇴치 센터나 방사능 오염 쓰레기 처리장 같은 시설의 필요성을 인정하면서도 이러한 시설들이 다른 곳이라면 몰라도 자기 주거 지역에 들어서는 데는 강력히 반대하는 지역이기주의입니다. 특히 지방자치단체를 시행하고 있는 나라의 경우 각 도시와 지방, 주마다 쓰레기를 남에게 떠맡기려고 하여 법정 투쟁이 끊이지 않고 있는 것 등이 좋은 예라 하겠습니다.

02 토크빌은 진정한 민주주의란 대중들이 자유롭게 정부에 참여할 수 있는 정치적인 자유가 주어지는 것이라고 하였습니다. 민주주의란 대중들의 자유의지와 의사, 그리고 참여에 의한 자치로 구성된 사회이며, 만약 대중들의 참여가 정부에 의해 억압된다면 그것은 민주주의 사회라고 할 수 없습니다.

다음으로 민주주의는 사회적 조건들이 평등화된 사회여야 합니다. 이것은 곧 신분 차별의 철폐를 의미합니다. 신분에 따라 권리와 책임의 내용이 다르고 나아가서는 부의 획득도 신분에 의해 제한된다면 민주주의 사회, 평등의 사회라고 말할 수 없습니다. 토크빌이 보았던 1800년대 당시의 미국은 유럽 사회에 비해 평등을 이룰 수 있는 유리한 조건에 있었습니다. 신분적인 질서가 오랫동안 남아 있었던 유럽 사회, 특히 프랑스와는 달리 미국은 모든 국민들이 동등하고 평등하다는 조건 속에서 출발하였기 때문입니다. 즉 세습적인 신분제도가 존재하지 않았던 것입니다.

마지막으로 토크빌은 민주주의 사회는 최대 다수 성원의 복지를 목표로 해야 하며

대중들의 물질적 번영과 행복을 최우선으로 해야 한다고 강조하였습니다.

03 시민사회는 시민과 국가(정부)의 관계를 매개하는 집단들의 집합체를 지칭하는 개념입니다. 시민사회는 국가로부터, 그리고 민간의 기업이나 가족, 개인으로부터 상대적인 독자성을 유지하면서 공익, 또는 집단적 이익의 보호, 증진을 위해 집단행동을 하는 자발적, 매개적 집단들의 집합체이기도 합니다. 때문에 시민사회는 다음과 같은 특징을 가지고 있습니다.

첫째, 사회적 집단의 집합체로서 시민사회의 구성단위는 사회적 집단입니다. 사회적 집단에는 시민운동 단체, 이익집단, 압력단체, 비영리조직, 비정부조직 등이 포함됩니다. 둘째, 시민사회 구성 집단들은 구성원들의 자발적 참여에 의해 구성된 자발적 집단들입니다. 셋째, 시민사회 구성 집단들은 국가와 시민(기업, 가족, 개인)의 상호 작용을 매개하는 집단들입니다. 국가 작용에 대한 시민 참여를 매개하는 단체들이라고 설명할 수도 있습니다. 넷째, 국가와 시민에 대한 시민사회 구성 집단들의 관계는 느슨한 편으로 어느 한쪽에 완전히 소속되지 않습니다. 다섯째, 시민사회의 구성과 활동은 언론 및 결사의 자유가 보장된 자유국가에서만 가능합니다.

04 토크빌은 평등이 현대사회의 가장 두드러진 특징이며, 신의 섭리라고 보았습니다. 그러나 현대사회에서는 평등을 위해 자유를 훼손할 수 있는 위험이 곳곳에 도사리고 있습니다. 평등과 자유의 조화로운 공존은 민주주의를 위해 필요한 조건입니다. 평등의 문제와 함께 자유의 문제를 해결하지 못하면 민주주의는 파탄하게 됩니다. 일반적으로 평등을 위해서 자유를 제한하거나, 혹은 평등을 강조하다 보면 행정의 중앙 집중화와 전제주의를 가져오게 되고, 이것은 결국 민주주의를 위협하게 됩니다. 평등은 사회적, 정치적, 경제적 차이와 차별을 줄이는 것을 말합니다. 이를 위해서는 불가피하게 자유를 제한하는 경우가 생깁니다. 이러한 평등의

정책을 국가가 주도적으로 실시하다 보면 국가가 권력을 독점하고 강압적인 모습을 보일 수도 있습니다. 결국 민주주의를 발전시키는 것이 아니라 후퇴시키는 부작용을 낳을 수 있는 것입니다.

05 토크빌에 의하면 이러한 것들은 중앙집권화와 다수의 폭정을 가져와 결국 민주주의를 파괴하는 요인이 됩니다. 그러나 토크빌이 본 1800년대의 미국은 이러한 위험성을 극복할 수 있었습니다. 그것은 첫 번째로 지방자치제도 때문입니다. 지방자치단체를 통해 미국의 대중들은 서로 협력하고 토론할 수 있는 기회를 가질 수 있었습니다. 중앙이 모든 것을 결정하는 하향식적인 정책 결정과 집행의 체제 속에서 대중들은 수동적인 존재로 머무를 수밖에 없었습니다. 지방자치단체는 상향식의 정책 결정을 추구하며 지역적인 수준에서 대중들의 자발적인 참여를 자극하여 민주주의에 대한 교육의 장으로 활용되었습니다. 두 번째는 배심원 제도로서, 배심원 제도는 피고의 유·무죄를 판단하는 사람들이 재판에 참여하는 제도를 말합니다. 배심원 제도를 운영하는 재판에서 유·무죄는 배심원들이 결정하고 형량만 판사가 결정합니다. 이 제도는 대중들의 의사를 직접 표현할 수 있는 사업 제도이며 법치주의 의식을 시민들에게 심어 줄 수 있습니다. 세 번째는 시민사회의 활성화를 가져온 자발적 결사체의 발전입니다. 자발적 결사체는 국가로부터 간섭을 받지 않는 시민들의 자발적인 조직으로 이 조직은 국가권력을 견제할 수 있고 자유와 평등의 조화인 민주주의를 실현할 수 있는 기초가 됩니다. 네 번째는 종교와 교육을 통한 이기심과 개인주의의 극복을 들 수 있습니다. 미국 기독교의 전통은 이기적이고 반공동체적인 정신을 억제하면서 관용과 배려, 박애와 자선과 같은 공동체적인 정신을 함양하는 것이었습니다.